イ・ヘリム／チュ・ヘリム／ファン・チソン［著］

よくわかる

韓国語能力試験

TOPIK Ⅱ

聞き取り 問題集

スリーエーネットワーク

ISBN 978-4-88319-933-4   C0087
Printed in Japan

目次

別冊
模擬試験
第1回模擬試験
第2回模擬試験
付録　解答用紙

本書について

1. 構成と内容

　本書は「韓国語能力試験（TOPIK）Ⅱ 聞き取り」の50問を分析し、問題をテーマ別に分けた練習問題と模擬試験（2回分）が収録されています。

2. 学習方法

Chapter 1　練習問題
Chapter 2　練習問題

　各Chapterは6つのUnitで構成されています。Chapter 1は主に音声を聞いて1つの問題を解く練習で構成されており、Chapter 2は音声を2回聞いて2つの問題を解く問題が多いです。模擬試験に挑む前に、まずはこの練習問題を解くことをおすすめします。

模擬試験

　模擬試験は2回分が収録されています。答え合わせの後は、間違えた問題の訳・解説をしっかり読み、間違えた原因や解答ポイントをしっかりと把握するとよいでしょう。間違いノートなどを作成することもおすすめです。

3. 留意点

　本書は韓国Hangeul Park出版社から2021年に発行された〈COOL TOPIK Ⅱ 듣기〉の各UnitのStep 3 실전 연습 도전②（実戦練習）、실전 모의고사（実戦模擬試験）を日本の読者向けに編集して発行するものです。日本語訳は、日本の読者向けに理解しやすいよう、元の韓国語の文から一部表現を変えているところがあります。

　また、本書は第64回までの過去問の傾向を参考に制作されています。

🔊 **本書『よくわかる 韓国語能力試験 TOPIK II 聞き取り 問題集』の音声について**

　下記のサイトの［補助教材］から、ダウンロードまたはストリーミング再生で、本書に記載の🔊 の番号と対応する音声ファイルをご利用ください。なお、本音声は本書の原書である〈COOL TOPIK II 듣기〉の音声のため、「Chapter 1　練習問題」「Chapter 2　練習問題」の各問題の始まりには「도전 2（挑戦2）」という音声が含まれています。ご了承ください。

https://www.3anet.co.jp/np/books/4512/

Chapter 1

練習問題

Unit 1 　絵・グラフ

問題〔1-3〕

問題1、2は男性と女性の会話を聞いてその状況を最もよく描写した絵を選ぶ問題です。また、問題3は男性が話すことと同じ内容のグラフを選ぶ問題です。

🔊 1-1-1

[1-3] 다음을 듣고 알맞은 그림을 고르십시오.

1.

① 　　　　　　　　　　　　　②

③ 　　　　　　　　　　　　　④

2.

①

②

③

④

3.

①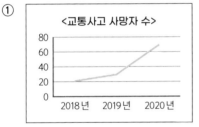

②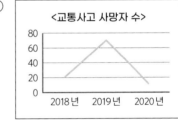

③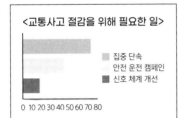

④

問題［4-8］［9-12］

男性と女性の会話を聞いて、後に続く言葉または行動を選びます。問題4-8は完成した会話を聞くのではなく、途中までの会話を聞いて後に続く言葉を選んで会話を完成させる問題です。問題9-12は会話が終わった後、どのような行動をとるかを推測する問題です。

練習問題

1-2-1

[1-5] 다음 대화를 잘 듣고 이어질 수 있는 말을 고르십시오.

1.

① 다쳤을까 봐 걱정했어.

② 그렇다면 정말 다행이다.

③ 우리가 아는 사람은 없겠지?

④ 정말? 난 네가 다친 줄도 몰랐어.

2.

① 환절기에는 반팔을 입어야 해.

② 일교차가 그렇게 큰 줄 몰랐어.

③ 나도 이렇게 더운 날씨를 너무 싫어해.

④ 이럴 때 감기 걸리기 쉬우니까 조심해.

3.

① 응, 그럼 부탁 좀 할게.

② 응, 집 앞에서 사면 돼.

③ 아니, 비싸서 안 되겠다.

④ 아니, 있으면 좋을 텐데 아쉽다.

4.
① 그럼 더 뒤로 가면 될까요?
② 네, 전신이 다 안 나와도 괜찮아요.
③ 네, 경치가 더 중요하니까 괜찮아요.
④ 아니요, 다른 사람 없을 때 찍어주세요.

5.
① 아르바이트생이 올 거예요.
② 평일보다 손님이 많지 않아요.
③ 주말에는 아르바이트를 못 해요.
④ 있었는데 이제부터 못 나오게 됐대요.

[6-9] 다음 대화를 잘 듣고 여자가 이어서 할 행동으로 알맞은 것을 고르십시오.

6.
① 식당으로 내려간다.
② 열람실에서 공부한다.
③ 우산을 사서 남자에게 준다.
④ 기숙사로 가서 저녁을 먹는다.

7.
① 보증금을 내러 은행에 간다.
② 현금을 찾으러 은행에 간다.
③ 학생증을 들고 2층으로 간다.
④ 사물함을 신청하러 2층으로 간다.

8.
① 작년 행사 자료를 찾아본다.
② 본사에 연락해서 일정을 짠다.
③ 월요일까지 계획서를 작성한다.
④ 행사를 진행할 날짜를 알아본다.

9.

① 상자에 적힌 주소를 확인한다.

② 배송 업체에 전화해서 문의한다.

③ 거래처에 전화해서 상품을 문의한다.

④ 배송된 상자를 열어서 물건을 확인한다.

問題［13］［17-19］

問題13と17-19は男性と女性の短い会話を聞いて解く問題です。問題13は男性が女性に情報を知らせるという会話が多く、問題17-19は日常的なテーマの会話です。

🔊)) 1-3-1

1. 다음을 듣고 내용과 일치하는 것을 고르십시오.
① 여자는 바빠서 등산을 할 시간이 없다.
② 남자는 여자와 같이 설악산에 다녀왔다.
③ 여자는 남자의 등산 동호회에 들어갈 것이다.
④ 남자는 회사일 때문에 동호회 활동에 가끔 참여한다.

[2-4] 다음을 듣고 남자의 중심 생각을 고르십시오.

2.
① 마음이 편할 때 과제를 하는 것이 좋다.
② 과제는 되도록이면 일찍 끝내는 것이 좋다.
③ 과제를 빨리 끝내야 나중에 쉴 시간이 생긴다.
④ 부담감이 있으면 과제를 빨리 끝내기가 어렵다.

3.
① 아파트에서는 슬리퍼를 신고 생활해야 한다.
② 소음에 예민하면 아파트에 살지 않는 것이 좋다.
③ 아파트에서는 서로 배려하며 사는 것이 중요하다.
④ 사소한 일로 이웃에게 전화하는 것은 예의에 어긋난다.

4.
① 어릴 때 배운 것은 쉽게 잊어버리지 않는다.
② 아이들에게 다양한 경험을 시켜주는 것이 좋다.
③ 새로운 경험을 많이 하면 지능 발달에 도움이 된다.
④ 아이가 원하는 것을 선택하게 해서 교육을 시키는 것이 좋다.

Unit 4 | 会話3

問題［21-22］［23-24］［27-28］

問題21-22、問題23-24、そして問題27-28は男性と女性の会話を聞いて解く問題で、1つの会話につき設問が2つあります。このタイプの問題では、男性と女性が会話をする目的や意図を把握しなければなりません。

 練習問題

◀))) 1-4-1

[1-2] 다음을 듣고 물음에 답하십시오.

1. 남자의 중심 생각으로 알맞은 것을 고르십시오.
① 다양한 사람을 만나는 것이 좋다.
② 친구가 되려면 첫인상이 중요하다.
③ 사귀기 위해서는 서로에 대해 잘 알아야 한다.
④ 운명적인 사랑이란 첫눈에 사랑에 빠지는 것이다.

2. 들은 내용으로 맞는 것을 고르십시오.
① 남자는 동네 친구에게 여자 친구를 소개받았다.
② 남자의 여자 친구는 남자와 다른 학교 무용과 학생이다.
③ 남자는 여자 친구를 여러 번 만나면서 좋아하게 되었다.
④ 남자의 여자 친구는 남자의 첫인상이 특별하다고 생각했다.

[3-4] 다음을 듣고 물음에 답하십시오.

3. 여자가 무엇을 하고 있는지 고르십시오.
① 문화센터에 등록을 하고 있다.
② 문화센터의 위치를 확인하고 있다.
③ 문화센터에서 요청한 서류를 확인하고 있다.
④ 문화센터 프로그램에 대해서 문의하고 있다.

4. 들은 내용으로 맞는 것을 고르십시오.
① 이번 학기 문화센터 등록은 오늘까지 할 수 있다.
② 이번 학기 문화센터에는 모두 4개의 수업이 있다.
③ 이번 학기 영어 수업은 매주 화요일과 목요일에 있다.
④ 문화센터에는 에어로빅 수업이 지난 학기에도 있었다.

[5-6] 다음을 듣고 물음에 답하십시오.

5. 여자가 남자에게 말하는 의도를 고르십시오.
① 유기견 입양을 제안하기 위해
② 유기견 문제의 심각성을 알리기 위해
③ 강아지를 고르는 기준을 설명하기 위해
④ 강아지를 기르는 것의 장점을 알리기 위해

6. 들은 내용으로 맞는 것을 고르십시오.
① 남자와 여자는 강아지를 키우고 싶어한다.
② 여자는 어제 라디오에서 이 이야기를 들었다.
③ 강아지는 유기견 사이트에서만 입양할 수 있다.
④ 강아지들은 7일 안에 주인을 만나지 못하면 죽는다.

Unit 5　インタビュー

問題［16］［20］［25-26］

問題16、20、そして25-26はインタビューを聞いて解く問題です。問題16と問題20はインタビューを聞いて1つの問題を解きますが、問題25-26はインタビューを聞いて2つの問題を解かなければなりません。

🔊 1-5-1

1. 다음을 듣고 내용과 일치하는 것을 고르십시오.
① 가구를 만들 때 재료는 중요하지 않다.
② 이 사람은 가구를 사용할 사람을 모른다.
③ 가구는 사용자를 고려해서 만들어야 한다.
④ 가구는 만드는 사람의 생각이 가장 중요하다.

2. 남자의 중심 생각을 고르십시오.
① 기술이 발달하면 행복해진다.
② 행복은 인간관계의 영향을 받는다.
③ 기술에 의존할 때 더욱 행복해진다.
④ 기술의 발달로 사람들은 불행해졌다.

[3-4] 다음을 듣고 답하십시오.

3. 남자의 중심 생각으로 맞는 것을 고르십시오.
① 노인의 조언은 젊은이에게 도움이 된다.
② 카페는 편하게 소통할 수 있어야 한다.
③ 젊은이들이 갈 수 있는 공간을 만들어야 한다.
④ 나이를 먹어도 일을 할 수 있는 곳이 필요하다.

4. 들은 내용으로 맞는 것을 고르십시오.
① 남자는 곧 5호점 카페를 낼 계획이다.
② 남자는 처음 2층에서 카페를 시작했다.
③ 요즘 나이가 많은 사람들은 고민이 많다.
④ 이 카페에서는 노인들의 조언을 들을 수 있다.

Unit 6 案内・ニュース

問題〔14-15〕

問題14は案内放送、問題15はニュースを聞いて解く問題です。

🔊)) 1-6-1

[1-2] 다음을 듣고 내용과 일치하는 것을 고르십시오.

1.
① 올해 처음으로 수영장이 개장한다.
② 수영장은 쉬는 날이 없이 운영된다.
③ 8살 아이는 부모님과 같이 들어가야 한다.
④ 수영장은 내일부터 한 달간 이용할 수 있다.

2.
① 다친 팬들은 치료를 받고 모두 귀가했다.
② 공항 내 시설물 피해에 대한 조사는 끝났다.
③ 많은 팬들이 한꺼번에 이동하면서 사고가 났다.
④ 다친 그룹의 멤버는 병원에서 치료를 받고 있다.

Chapter 2

練習問題

問題［31-32］

問題31-32は討論を聞いて男性の考えと態度を選ぶ問題です。1つの音声につき、2問が出題されます。

🔊) 2-1-1

[1-2] 다음을 듣고 물음에 답하십시오.

1. 남자의 생각으로 알맞은 것을 고르십시오.
① 40대 이상은 창업 지원금을 받을 필요가 없다.
② 청년에게 혜택을 주는 제도를 만들 필요가 있다.
③ 이 제도는 청년에게만 도움이 되므로 문제가 있다.
④ 나이와 관계없이 누구나 지원을 받을 수 있어야 한다.

2. 남자의 태도로 알맞은 것을 고르십시오.
① 상대방의 의견을 지지하고 있다.
② 자료를 토대로 강하게 비판하고 있다.
③ 제기된 문제에 대해 타협점을 찾고 있다.
④ 자신과 다른 의견에 대해 하나하나 반박하고 있다.

Unit 2 専門家へのインタビュー

問題［29-30］［37-38］

問題29-30、37-38は専門家へのインタビューを聞いて解く問題です。特定の分野について詳しく話すものが多いです。

◁))) 2-2-1

[1-2] 다음을 듣고 물음에 답하십시오.

1. 여자는 누구인지 맞는 것을 고르십시오.
① 500곡 이상을 부른 가수
② 한국어를 잘 하는 외국인
③ 한국어로만 가사를 쓰는 작사가
④ 외국어를 한국어로 번역하는 사람

2. 들은 내용으로 맞는 것을 고르십시오.
① 올해 이 대회에서 여자만 상을 받았다.
② 이 대회는 매년 한글날을 기념하기 위해 열린다.
③ 여자는 상을 받기 전에는 이 대회에 대해 전혀 몰랐다.
④ 올해 '아름다운 노래 가사' 부문은 좋은 작품이 별로 없었다.

[3-4] 다음을 듣고 물음에 답하십시오.

3. 남자의 중심 생각으로 알맞은 것을 고르십시오.
① 모든 사람에게는 자신에게 어울리는 색깔이 있다.
② 자신이 가진 매력은 색깔과 관계없이 드러나게 되어 있다.
③ 사람의 외모는 다양하지만 어울리는 색깔은 대부분 비슷하다.
④ 자신의 매력을 드러내려면 좋아하는 색깔의 옷을 입어야 한다.

4. 들은 내용과 일치하는 것을 고르십시오.
① 대부분의 사람은 자신에게 어울리는 색깔을 잘 알고 있다.
② 연예인들은 외모가 뛰어나기 때문에 모든 색깔이 잘 어울린다.
③ 취업을 위해서 자신의 매력을 더 드러낼 수 있는 방법을 찾는 학생이 많다.
④ 어울리는 색깔을 찾는 방법은 아주 간단해서 누구나 집에서 진단할 수 있다.

Unit 3　演説

問題［35－36］
問題35-36は、多くの人の前で自分の考えや主張を発表する話を聞いて解く問題です。会話ではなく、一人の人物が話します。

🔊)) 2－3－1

[1-2] 다음을 듣고 물음에 답하십시오.

1. 남자는 무엇을 하고 있는지 고르십시오.
① 이 기업의 성공 비결에 대해 설명하고 있다.
② 이 기업의 성장 과정에 대해 보고하고 있다.
③ 사람들에게 기부에 동참할 것을 요청하고 있다.
④ 사회 공헌 활동의 중요성에 대해 이야기하고 있다.

2. 들은 내용으로 맞는 것을 고르십시오.
① 착한기업 상은 정부에서 선정하여 주는 것이다.
② 매달 20명 이상이 이 기업으로부터 장학금을 받고 있다.
③ 장학금은 성적이 좋은 학생들이 우선적으로 받을 수 있다.
④ 이 기업은 아픈 아이들을 위해 금전적인 도움을 주고 있다.

問題〔33−34〕〔41−42〕〔45−46〕〔49−50〕

問題33−34、41−42、そして45−46と49−50は専門家の講演を聞いて解く問題です。33−34のように話の内容は専門的でも日常でよく使う比較的易しい単語を使うものから、49−50のようになじみのない専門用語を使うものがあります。会話形式ではなく、一人の人物が話します。

🔊》 2−4−1

[1−2] 다음을 듣고 물음에 답하십시오.

1. 무엇에 대한 내용인지 맞는 것을 고르십시오.
① 한글 이름의 단점
② 한글 이름의 중요성
③ 한글 이름의 차이점
④ 한글 이름을 짓는 법

2. 들은 내용으로 맞는 것을 고르십시오.
① 한글 이름은 뜻을 가질 수 없다.
② '미르'는 두 단어를 합친 이름이다.
③ 여러 단어를 합쳐서 이름을 지을 수 있다.
④ 많은 사람들이 사용하는 이름이 좋은 이름이다.

[3-4] 다음을 듣고 물음에 답하십시오.

3. 이 강연의 중심 내용으로 맞는 것을 고르십시오.
① 떡볶이는 한국 전통 음식이다.
② 같은 음식도 시대에 따라 달라진다.
③ 떡볶이는 다양한 방법으로 만들 수 있다.
④ 시대가 바뀌어도 변하지 않는 맛이 있다.

4. 들은 내용과 일치하는 것을 고르십시오.
① 초기의 떡볶이에는 고기를 넣지 않았다.
② 떡볶이는 원래 궁중에서는 먹지 않았다.
③ 한국전쟁 후 떡볶이에 고추장을 넣었다.
④ 최근에는 간장으로 만드는 떡볶이가 나왔다.

[5-6] 다음을 듣고 물음에 답하십시오.

5. 들은 내용과 일치하는 것을 고르십시오.
① 1970년대에는 지능을 측정하지 않았다.
② 초기 아이큐 검사에서는 언어 지능을 검사하지 않았다.
③ 인간 지능은 다양한 영역으로 측정해야 한다.
④ 교육에서는 다중 지능을 고려하지 않아도 된다.

6. 여자의 방식으로 가장 알맞은 것을 고르십시오.
① 다중 지능 검사의 단점을 설명하고 있다.
② 다중 지능 검사의 방법을 요약하고 있다.
③ 다중 지능의 등장 배경을 소개하고 있다.
④ 지능 검사의 여러 방법을 비교하고 있다.

[7-8] 다음을 듣고 물음에 답하십시오.

7. 들은 내용과 일치하는 것을 고르십시오.
① 얼마 전 세계적으로 전염병이 퍼졌다.
② 바로 신체정보를 송신하는 기계가 개발됐다.
③ 기술로 우리의 감정과 생각을 알아낼 수 없다.
④ 전염병으로 우리는 24시간 감시당하고 있다.

8. 여자가 말하는 태도로 가장 알맞은 것을 고르십시오.
① 새로운 기술을 긍정적으로 평가하고 있다.
② 새로운 기술의 잘못된 사용을 우려하고 있다.
③ 새로운 보건 기술의 필요성을 강조하고 있다.
④ 공중 보건의 미래를 긍정적으로 전망하고 있다.

問題［43-44］

問題43-44はドキュメンタリーを聞いて解く問題です。ドキュメンタリー
は한다体を使ってさまざまなテーマについて説明します。テーマが多様な
ので、一つ一つの単語の意味にとらわれず、全体的な内容をきちんと把握す
ることが正解につながります。

練習問題

2-5-1

[1-2] 다음은 다큐멘터리입니다. 잘 듣고 물음에 답하십시오.

1. 이 이야기의 중심 내용으로 맞는 것을 고르십시오.
① 식물은 다양한 향기를 만든다.
② 식물들도 주변의 위험을 감지한다.
③ 식물도 자연에서 여러 공격을 받는다.
④ 식물은 다양한 향기로 의사소통을 한다.

2. 식물이 재스민을 생산하는 이유로 맞는 것을 고르시오.
① 곤충을 모으기 위해서
② 곤충의 공격을 알리기 위해서
③ 손상된 부위를 보호하기 위해서
④ 병균으로부터 자신을 보호하기 위해서

対談

問題〔39-40〕〔47-48〕

問題39-40、47-48は対談を聞いて解く問題です。まず女性が特定のテーマ・話題を提示し、男性がそれについて詳しく話すというパターンが多いです。音声の内容が長いので、メモを取りながら聞きましょう。

🔊 2-6-1

[1-2] 다음은 대담입니다. 잘 듣고 물음에 답하십시오.

1. 이 담화 앞의 내용으로 알맞은 것을 고르십시오.
① 정부에서 이 제도를 시행하기로 결정했다.
② 이 제도에 대한 시민들의 의견을 조사했다.
③ 사람들은 이 제도가 없어지기를 원하고 있다.
④ 이 제도는 문제점이 많아 시행 전에 검토를 하기로 했다.

2. 들은 내용과 일치하는 것을 고르십시오.
① 이 제도의 시행 이후 동네 서점이 활성화되었다.
② 팔리지 않은 책들을 처리하려면 돈이 많이 든다.
③ 이 제도로 책을 저렴하게 구입하는 것이 가능해졌다.
④ 이 제도로 도서 가격을 자율적으로 정할 수 있게 되었다.

[3-4] 다음은 대담입니다. 잘 듣고 물음에 답하십시오.

3. 들은 내용과 일치하는 것을 고르십시오.
① 청년수당은 올해 처음으로 지급되었다.
② 구직 활동에 대한 기준은 모든 사람들이 동일하다.
③ 시민들은 청년수당에 대해 부정적인 반응을 보였다.
④ 청년수당은 미취업 청년들의 생활비를 목적으로 지급되었다.

4. 남자의 태도로 가장 알맞은 것을 고르십시오.
① 청년수당의 한계를 지적하고 있다.
② 청년수당의 보완점을 제시하고 있다.
③ 청년수당의 부작용에 대해서 말하고 있다.
④ 청년수당의 필요성에 의문을 제기하고 있다.

解答・解説

Chapter 1
練習問題

練習問題　訳と解答

【1－3】 次の音声を聞いて適切な絵またはグラフを選びなさい。

1.

여자: 아, A 이렇게 신나게 노래를 부르니까 스트레스가 풀리는 것 같아.

남자: 맞아, 일만 하다가 이렇게 나와서 노니까 정말 좋다. B 다음 노래는 네가 예약했어?

여자: 응, 너도 알면 같이 부를래?

女性：ああ、A こんなに楽しく歌を歌ったから、ストレスが解消されたみたい。

男性：そうだね、仕事ばかりしていたけど、こうやって出かけて遊んだら本当に気分いいね。B 次の歌はきみが予約したの？

女性：うん、あなたも知ってたら一緒に歌う？

正解 ②

A で男性と女性が歌を歌っていて、B で二人がいる場所はカラオケだとわかる。

単語　□스트레스가 풀리다　ストレスが解消される

2.

남자: A 설거지 끝났는데, B 청소하는 것 좀 도와줄까?

여자: 아니야 괜찮아. C 금방 끝나. 넌 어제 쓰레기도 갖다 버렸잖아. 좀 쉬어.

남자: 그래, 대신 이따가 라면은 내가 끓일게.

男性：🅐皿洗いは終わったんだけど、🅑掃除するの手伝ってあげようか？

女性：ううん、大丈夫。🅒すぐ終わるわ。あなた、昨日ゴミも捨ててくれたじゃない。少し休んで。

男性：わかったよ、その代わりに後でラーメンはぼくが作るね。

正解 ①

🅐で男性が皿洗いをすべて終えたことがわかり、🅑と🅒から女性は掃除中であることがわかる。

単語　□설거지 皿洗い　□라면을 끓이다 ラーメンを作る

3.

남자: 최근 경찰청 조사에 따르면, 인주시의 교통사고 사망자 수가 🅐3년 내내 증가하고 있는 것으로 나타났습니다. 시민들을 대상으로 교통사고를 줄이기 위해 필요한 것을 조사한 결과, 🅑신호 체계를 개선해야 한다는 답변이 가장 많았습니다. 그 다음으로 🅒경찰의 집중 단속과 🅓안전 운전 캠페인을 적극적으로 펼쳐야 한다고 답한 시민이 많았습니다.

男性：最近の警察庁の調査によると、インジュ市の交通事故死亡者数が🅐3年間増加し続けていることがわかりました。市民を対象に交通事故を減らすために必要なことを調査した結果、🅑信号システムを改善しなければならないという回答が最も多くありました。その次に、🅒警察の集中的な取り締まりと🅓安全運転キャンペーンを積極的に展開しなければならないと回答した市民が多くいました。

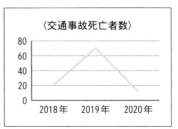

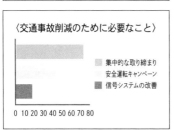

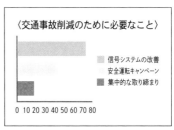

Unit 2　会話1

[1-5] 次の会話をよく聞いて、後に続く言葉を選びなさい。

1.

> 남자: 뉴스 봤어? 학교 앞 사거리에서 교통사고가 크게 났대.
> 여자: 응, 안 그래도 학교 앞이라고 해서 너무 놀랐어. Ａ다친 사람이 많다
> 　　　던데.
> 남자: ＿＿＿＿＿＿＿＿＿＿＿＿＿＿＿＿

男性：ニュース見た？　学校の前の交差点で大きな交通事故が起きたんだって。
女性：うん、そうでなくても、学校の前だと聞いてとても驚いたわ。
　　　　Ａ怪我をした人が大勢いるそうよ。
男性：＿＿＿＿＿＿＿＿＿＿＿＿＿＿＿＿

① 怪我をしたのではないかと心配していたよ。
② それなら本当によかったね。
③ ぼくたちが知っている人はいないよね？
④ 本当？　ぼくはきみが怪我をしたことも知らなかったよ。

正解③
二人は学校の前で起きた交通事故について話している。Ａに続くものとしては、知り合いが事故に遭って怪我をしたのではないかと心配している③が最も自然。

2.

　　남자 : 일교차가 커서 옷을 어떻게 입어야 할지 모르겠어.

　　여자 : 그러게 말이야. A 어제는 낮에 덥길래 반팔만 입었더니 밤에는 쌀쌀
　　　　　하더라고.

　　남자 : ＿＿＿＿＿＿＿＿＿＿＿＿＿＿＿

男性 : 一日の寒暖差が激しいので、服をどう着ればいいのかわからないよ。

女性 : 本当にそう。 A 昨日は昼間暑かったから半袖だけだったけど、夜は
　　　　肌寒かったわ。

男性 : ＿＿＿＿＿＿＿＿＿＿＿＿＿＿＿

① 季節の変わり目には半袖を着ないと。

② 一日の寒暖差がそんなに激しいとは知らなかったよ。

③ ぼくもこんなに暑い天気が大嫌い。

④ こういうときに風邪をひきやすいから気をつけてね。

> 正解 ④
>
> 二人は一日の寒暖差の激しい最近の天気について話している。女性が A の
> ように話した後の反応として、④が最も自然。
>
> 単語　□일교차 一日の寒暖差　□환절기 季節の変わり目

3.

　　여자 : 그 책 어디에서 샀어? 전공 공부에 도움이 될 것 같아서 사고 싶었는
　　　　　데……

　　남자 : 응, 우리 집 앞 서점에서 샀어. 학교 서점에는 없더라고. A 너도 사
　　　　　다 줄까?

　　여자 : ＿＿＿＿＿＿＿＿＿＿＿＿＿＿＿

女性：その本どこで買ったの？　専攻の勉強に役立ちそうだから買いたかっ
　　　たんだけど。

男性：うん、家の前の書店で買ったよ。学校の書店にはなかったんだ。
　　　Ａ きみのも買ってあげようか？

女性：＿＿＿＿＿＿＿＿＿＿＿＿＿＿＿

① うん、じゃあ、頼むね。
② うん、家の前で買えばいいよ。
③ いいえ、高くて無理だわ。
④ いいえ、あったらいいのに残念だわ。

4.

　남자: 죄송한데 저희 사진 좀 찍어 주시겠어요?
　여자: 네, 그런데 Ａ 이렇게 찍으면 사람이 아주 작게 나오는데, 괜찮으시
　　　 겠어요?
　남자: ＿＿＿＿＿＿＿＿＿＿＿＿＿＿＿

男性：すみませんが、ちょっと私たちの写真を撮ってもらえますか？
女性：ええ、ところで Ａ このように撮ると、人がとても小さく写りますけど、
　　　大丈夫ですか？
男性：＿＿＿＿＿＿＿＿＿＿＿＿＿＿＿

① では、もっと後ろに行けばいいですか？
② はい、全身が写らなくても大丈夫です。
③ はい、景色のほうが大事なので大丈夫です。
④ いいえ、他の人がいないときに撮ってください。

5.

여자: 민수 씨, 혹시 주말에도 우리 카페에서 아르바이트 해 줄 수 있어요?
남자: 네 물론이지요 사장님. 그런데 A 주말에는 원래 아르바이트생이 없었나요?
여자: _____

女性: ミンスさん、週末もうちのカフェでアルバイトしてもらえますか?
男性: はい、もちろんです、社長。ところで、A 週末は元々アルバイトをする人がいなかったんですか?
女性: _____

① アルバイトの学生が来ます。
② 平日よりお客さんが多くありません。
③ 週末はアルバイトができません。
④ いたんですが、これからは出られなくなったとのことです。

40

[6-9] 次の会話をよく聞いて、後に続く<u>女性</u>の行動として適切なものを選びなさい。

6.

> 남자: 우산 있어? 갑자기 비 온다.
> 여자: 우산 없는데…… 그럼 **A** 비 그칠 때까지 열람실에서 더 공부해야겠다.
> 남자: 그래? 난 배가 고파서 **B** 지하 식당에 가려고 하는데. 같이 밥이나 먹자.
> 여자: 난 여기 있을게. 기숙사에 먹을 것도 있고, 아직 과제도 남았거든.

男性：傘ある？ 急に雨が降ってきたよ。
女性：傘ないんだけど……。それなら、**A** 雨が止むまで閲覧室でもっと勉強するしかないね。
男性：そう？ ぼくはお腹が空いたから、**B** 地下の食堂に行こうと思っているんだけど。一緒にご飯でも食べようよ。
女性：私はここにいるわ。寮に食べ物もあるし、まだ課題も残ってるんだ。

① 食堂に降りていく。
② 閲覧室で勉強する。
③ 傘を買って男性にあげる。
④ 寮に行って夕飯を食べる。

正解②

女性は傘を持ってきておらず、**A** のように、雨が止むまで閲覧室に残ると言っている。**B** で男性が一緒に食堂でご飯を食べることを提案しているが、女性はその後で、ここにいると断っている。よって、②が正解。

単語 □열람실 閲覧室

練習問題 訳と解答 Unit 2

7.

여자 : 안녕하세요, 도서관 2층에 있는 사물함 신청하려고 하는데요.
남자 : 네, 학생증 확인할게요. 보증금은 20,000원이고요.
여자 : 앗, 보증금은 현금으로 드려야 되지요? A 지금 바로 찾아서 드릴게요.
남자 : 네, 학생 회관 1층에 은행이 있어요, 다녀오세요.

女性：こんにちは、図書館の2階にあるロッカーの申し込みをしたいんですが。
男性：はい、学生証を確認します。保証金は20,000ウォンです。
女性：あ、保証金は現金で支払わなければなりませんよね？　A 今すぐ下ろ
　　　して支払います。
男性：はい（わかりました）、学生会館の1階に銀行があります。いってらっ
　　　しゃい。

① 保証金を払いに銀行に行く。
② 現金を下ろしに銀行に行く。
③ 学生証を持って2階に行く。
④ ロッカーを申し込むために2階へ行く。

正解 ②
女性がロッカーを申し込んでいる。ロッカーを申し込むためには現金で保
証金を払わなければならないが、女性が A のように言っていることやその
後の男性の発言から、現金を下ろしに銀行に行くと考えられる。

単語　□사물함 ロッカー　□보증금 保証金

8.

남자: 김미선 씨, 이번 행사는 본사 도움 없이 우리만 단독으로 진행해야
　　　할 것 같은데, 간단한 계획을 좀 짜 주시겠어요?
여자: 네 과장님. 먼저 행사가 가능한 날짜부터 확인해 보겠습니다.
남자: 아, 가능한 날은 다음 달 첫째 주 월요일뿐입니다. 그 날로 하면 돼요.
여자: 네, 그럼 A작년 자료를 좀 찾아보고 계획서를 써 보겠습니다.

男性：キム・ミソンさん、今回のイベントは本社のサポートなしで、私たち
　　　だけで単独で進めなければならないようなのですが、簡単な計画を立
　　　てていただけますか？
女性：はい、課長。まず、イベントが可能な日付から確認してみます。
男性：ああ、可能な日は来月の第1月曜日だけです。その日にすればいいです。
女性：はい、では A昨年の資料をちょっと調べてみて、計画書を書いてみ
　　　ます。

① 昨年のイベントの資料を調べてみる。
② 本社に連絡して日程を組む。
③ 月曜日までに計画書を作成する。
④ イベントを行う日付を調べる。

正解 ①
男性が女性に会社のイベントの計画を立てるよう指示している。女性が、
イベントが可能な日付を確認しようとしたところ、男性から日付は決まっ
ていることと伝えられため、Aのように計画書の参考になる資料を探して
みると言っている。

単語 □본사 本社 □단독 単独 □계획을 짜다 計画を立てる

9.

여자: 김민수 씨, 거래처에서 배달 온 상품 다 확인하셨어요?

남자: 아니요, 아직 확인 중이에요. 그런데 주문한 것보다 상자가 두 개 더 왔어요. 아무래도 우리 물건이 아닌 것 같은데, 다 열어서 확인해 볼까요?

여자: 아, 혹시 개봉하면 반품하기 어려울 수도 있으니까 A 먼저 배송 업체에 제가 전화해 볼게요.

남자: 네. 그럼 저는 혹시 상자에 다른 주소가 적혀 있는지 한번 볼게요.

女性：キム・ミンスさん、取引先から配達された商品は全部確認しましたか？

男性：いいえ、まだ確認中です。ところで注文したものより2箱多く届きました。どうやらうちのものではないようですが、全部開けて確認してみましょうか？

女性：あ、もし開けたら返品が難しいかもしれないので、A 先に配送業者に私が電話してみます。

男性：はい（わかりました）。それでは、私は箱に他の住所が書いてあるか一度見てみます。

① 箱に書かれている住所を確認する。
② 配送業者に電話して問い合わせをする。
③ 取引先に電話して商品について問い合わせをする。
④ 配送された箱を開けて品物を確認する。

正解 ②

女性が A のように話しているので②が正解。①は男性がすること、③は電話をする先が配送業者ではなく取引先となっているので誤答。④も箱を開けると返品が難しいと言っているので誤答。

単語 □**거래처** 取引先 □**개봉하다** 開封する □**반품하다** 返品する
□**배송 업체** 配送業者

練習問題　訳と解答

1. 次の音声を聞いて内容と一致するものを選びなさい。

여자: 설악산은 잘 다녀왔어요? A 매주 동호회에 나가시는 거 같아요.
남자: 네, 저는 운동을 좋아하기도 하고 산에 올라가서 바라보는 경치가 정
　　　말 멋지거든요.
여자: 저도 동호회에 가입하고 싶은데 B 요즘 회사일 때문에 여유가 없네요.
남자: 시간이 될 때만 참여해도 되니까 C 나중에 좀 한가해지면 꼭 들어오
　　　세요.

女性：雪岳山は楽しかったですか？ A 毎週、同好会に出ているようですね。
男性：はい、私は運動が好きですし、山に登って眺める景色が本当に素晴ら
　　　しいんですよ。
女性：私も同好会に加入したいんですが、B 最近会社の仕事で余裕がない
　　　んです。
男性：時間があるときだけ参加してもいいので、C 今度少し暇になったら
　　　ぜひ入ってください。

① 女性は忙しくて登山をする時間がない。
② 男性は女性と一緒に雪岳山に行ってきた。
③ 女性は男性の登山同好会に入る予定だ。
④ 男性は会社の仕事のせいで、同好会の活動にたまに参加する。

正解 ①
① → B から、女性は会社の仕事で最近忙しいことがわかる。
② → A から、男性は同好会の人たちと一緒に雪岳山に行ってきたとわかる。

③ → ⒝で女性は会社の仕事で忙しいと言い、⒞で男性も今度暇になっ
たら入ってと言っているので入る予定はない。

④ → ⒜から、男性は同好会の活動に毎週欠かさず参加していることがわ
かる。

単語 □여유 余裕

[2-4] 次の音声を聞いて、男性の中心となる考えを選びなさい。

2.

남자 : 너 아직도 과제 시작 안했어? 미루지 말고 어서 해.

여자 : 해야 하는 건 아는데 이번 과제는 진짜 하기 싫다.

남자 : 미리 하지 않으면 부담감 때문에 더 하기가 힘들 거야. 나중에 한다
고 해서 지금 마음 편히 놀 수 있는 것도 아니잖아.

男性：まだ課題始めてないの？　後回しにしないで早くやりなよ。

女性：やらなきゃならないのはわかってるんだけど、今回の課題は本当にや
りたくない。

男性：前もってやっておかないと、負担を感じてもっとやりにくくなるよ。
後でやるとして、今気楽に遊べるわけでもないじゃない。

① 心が安らかなときに課題をするほうがよい。

② 課題はなるべく早く終わらせたほうがよい。

③ 課題を早く終わらせてこそ、後で休む時間ができる。

④ 負担を感じると課題を早く終わらせるのは難しい。

正解 ②

男性は女性に課題を後回しにせずに前もってやるよう助言している。した
がって、課題を早く終わらせたほうがよいという②が正解。

単語 □미루다 後回しにする □부담감 負担感

3.

남자: 요즘 아랫집에서 자꾸 시끄럽다고 연락이 오는데 정말 스트레스야.
　　슬리퍼를 신고 생활하는데도 그러네.
여자: 아파트 같은 곳은 다른 사람과 다 같이 생활하는 곳이니까 네가 배려
　　해야지.
남자: 하지만 어쩔 수 없는 소음도 있잖아. 그렇게 예민하면 아파트에서 살
　　면 안 되는 거 아니야?

男性：最近、下の階の住人から、うるさいっていう連絡が何度も来るんだけ
　　　ど、本当にストレスだよ。スリッパを履いて生活しているのにそう言
　　　われるんだよ。
女性：マンションのようなところは他の人と一緒に生活するところだから、
　　　あなたが配慮しないと。
男性：でも、しょうがない騒音もあるじゃないか。そんなに敏感なら、マン
　　　ションで暮らさないほうがいいんじゃないかな？

① アパートではスリッパを履いて生活しなければならない。
② 騒音に敏感ならアパートに住まないほうがよい。
③ アパートでは互いに配慮して暮らすことが大事だ。
④ 些細なことで近所の人に電話するのは礼儀に反することである。

正解 ②
男性は騒音に敏感な人がマンションに住んでいることが理解できないと言っ
ているので、②が正解。

単語　□소음 騒音　□예민하다 敏感だ

47

4.

> 여자: 옆집 민수는 초등학생인데 학원을 3개나 다닌대. 피아노랑 미술에
> 태권도까지.
> 남자: 학교에서는 배우기 힘든 것들이니까 학원에서 배우는 게 나쁘지 않
> 은 거 같은데.
> 여자: 하지만 나이도 어린데 이것저것 너무 많이 하는 것 같아. 아이가 좀
> 불쌍해.
> 남자: 어릴 때 여러 가지를 해보는 게 좋지. 혹시 알아? 숨겨진 재능을 발
> 견할 수도 있잖아.

女性：隣の家のミンスは小学生なのに、習い事に3つも通っているんだって。
ピアノと絵画教室にテコンドーまで。
男性：学校では習うのが難しいことだから、習い事で教わるのは悪くないと
思うけど。
女性：でも、まだ幼いのにあれこれやりすぎだと思う。子供がちょっとかわ
いそう。
男性：幼いときにいろいろやってみるのがいいよ。もしかしたら、隠れた才
能を発見できるかもしれないじゃないか。

① 幼いときに習ったことは簡単に忘れない。
② 子供たちに多様な経験をさせるのがよい。
③ 新しい経験をたくさんすれば知能の発達に役立つ。
④ 子供に好きなものを選ばせて教育をするほうがよい。

正解②

男性は最後に、子供がさまざまなことを経験してみるのがよいと話してい
るので、②が正解。

単語　□숨겨지다 隠された

Unit 4　会話3

[1-2] 次の音声を聞いて問いに答えなさい。

남자: 누나, 나 여자 친구 생겼어. A 어제 같은 과 친구가 우리 학교 무용
　　 과 여학생을 소개해 줬는데 보자마자 사랑에 빠졌어.
여자: 보자마자 사랑에 빠졌다고? 그래서 바로 사귀기로 한 거야? 서로에
　　 대해서 아는 것이 아무것도 없는데 사귀다니 너무 이상하다.
남자: 왜, 첫인상이 얼마나 중요한데. B 내 여자 친구도 나를 보자마자 특
　　 별하다고 생각했대. 첫눈에 반하는 것. 이게 운명적인 거라고.
여자: 뭐 그럴 수도 있겠지만 그래도 난 좀 더 서로를 알아본 후에 사귀는
　　 게 더 낫다고 생각해.

男性：姉さん、ぼく彼女できたんだ。A 昨日、同じ学科の友達がうちの学
　　　校の舞踊科の女子学生を紹介してくれたんだけど、見てすぐに恋に落
　　　ちたんだ。
女性：見てすぐに恋に落ちたって？　それですぐ付き合うことにしたの？　お
　　　互いについて知っていることが何もないのに付き合うなんて、すごく
　　　おかしいわ。
男性：なんで？　第一印象がどれだけ大事だと思ってるの。B 彼女もぼくの
　　　ことを見てすぐに特別だと思ったんだって。一目惚れ。これは運命的
　　　なことなんだよ。
女性：まあ、そうかもしれないけど、それでも私はもう少しお互いのことを
　　　知った後で付き合ったほうがいいと思うわ。

1. 男性の中心となる考えとして適切なものを選びなさい。
① いろいろな人に出会ったほうがよい。
② 友達になるには第一印象が重要である。
③ 付き合うためには互いのことについてよく知っておくべきである。
④ 運命的な愛とは一目で恋に落ちることである。

正解 ④

男性は一目惚れについて肯定的に捉えており、運命的な愛だと言ってるので、
正解は④。

2. 聞いた内容として正しいものを選びなさい。
① 男性は地元の友達から彼女を紹介してもらった。
② 男性の彼女は男性と違う学校の舞踊科の学生である。
③ 男性は彼女に何度か会っているうちに好きになった。
④ 男性の彼女は男性の第一印象が特別だと思った。

正解 ④

① → A で、男性は（同じ）学科の友達が彼女を紹介してくれたと言って
いる。
② → A で、男性は女性が同じ学校の舞踊科の友達だと言っている。
③ → A で、見てすぐに恋に落ちたと言っている。
④ → B から、男性の彼女は男性を見てすぐに特別だと思ったことがわか
る。

単語 □사랑에 빠지다 恋に落ちる　□운명적이다 運命的だ

[3-4] 次の音声を聞いて問いに答えなさい。

여자: 안녕하세요? A 다음 주부터 문화센터 등록 기간이라는 이야기를 들었는데요. 어떤 프로그램이 있나요?

남자: 네, 맞습니다. 이번 학기에는 B 월요일, 화요일에는 수채화 그리기 수업, 수요일에는 에어로빅 수업 그리고 화요일과 목요일에는 영어 수업이 있습니다. 자세한 내용은 저희 사이트에서 확인하실 수 있습니다.

여자: 이번에 에어로빅 수업도 생겼어요? 재미있겠네요.

남자: 네, 지난 연휴에 공사를 하면서 넓은 연습실을 새로 만들었거든요. C 처음하는 수업이라 저희도 이것저것 많이 신경쓰고 있어요.

女性：こんにちは。A 来週から文化センターの登録期間だと聞いたんですが。どんなプログラムがありますか？

男性：ええ、そうです。今学期には B 月曜日と火曜日には水彩画のクラス、水曜日にはエアロビクスのクラス、そして火曜日と木曜日には英語のクラスがあります。詳しい内容は私どものサイトでご確認いただけます。

女性：今回はエアロビクスのクラスもできたんですか？ 面白そうですね。

男性：はい。この前の連休に工事をして、広い練習室を新しく作ったんです。C 初めて行うクラスなので、私たちもいろいろと気を遣っています。

3. 女性が何をしているのか選びなさい。

① 文化センターに登録をしている。

② 文化センターの位置を確認している。

③ 文化センターから要請された書類を確認している。

④ 文化センターのプログラムについて問い合わせをしている。

女性は、今学期に文化センターでどんなプログラムがあるのか質問をしている。

4. 聞いた内容として正しいものを選びなさい。

① 今学期の文化センターの登録は今日までできる。
② 今学期、文化センターでは全部で4つのクラスがある。
③ 今学期の英語のクラスは毎週火曜日と木曜日にある。
④ 文化センターではエアロビクスのクラスが前の学期にもあった。

① → Ａから、登録は来週から始まるとわかる。
② → Ｂから、今学期には3つのクラス（水彩画、エアロビクス、英語）があるとわかる。
③ → Ｂから、英語のクラスは毎週火曜日と木曜日にあるとわかる。
④ → Ｃで、エアロビクスのクラスは初めて行うと言っている。

単語　□등록 기간　登録期間

[5-6] 次の音声を聞いて問いに答えなさい。

남자: 뭘 보고 있어?
여자: 아, Ａ어제 텔레비전에서 봤는데, 이 사이트에서 강아지를 키우고 싶은 사람들에게 버려진 유기견을 분양한대. 마침 Ｂ우리도 강아지를 한 마리 키워 볼까 했잖아. 어때? 이 강아지 너무 귀엽지?
남자: Ｃ다른 곳에도 예쁜 강아지들이 많은데 왜 굳이 버려진 강아지를 입양해야 해?
여자: 물론 더 예쁜 강아지들도 있겠지만, 이렇게 Ｄ버려진 강아지들은 2주 안에 새로운 주인을 만나지 못하면 죽게 된대. 강아지들이 무슨

잘못이 있어? 예쁠 때만 좋아하고 귀찮아지면 쉽게 버리는 사람들이 문제라고 생각해. 그러니까 우리도 여기에서 강아지를 골라보자.

男性：何を見てるの？

女性：ああ、A 昨日テレビで見たんだけど、このサイトで子犬を飼いたい 人たちに、捨てられた犬を譲るんだって。B ちょうど私たちも子犬 を一匹飼ってみようと思ってたじゃない。どう？ この子犬、すごく かわいいでしょ？

男性：C 他のところにもかわいい子犬がたくさんいるのに、どうしてわざ わざ捨てられた子犬を引き取らないといけないの？

女性：もちろんもっとかわいい子犬もいるかもしれないけど、こんなふうに D 捨てられた子犬は2週間以内に新しい飼い主に出会えなければ死ぬ ことになるんだって。子犬たちは何も悪くないじゃない。かわいいと きだけかわいがって、面倒になったら簡単に捨てる人たちが問題だと 思うの。だから、私たちもここから子犬を選んでみましょう。

5. 女性が男性に話す意図を選びなさい。

① 捨て犬の引き取りを提案するため

② 捨て犬の問題の深刻さを知らせるため

③ 子犬を選ぶ基準を説明するため

④ 子犬を飼うことの長所を知らせるため

正解 ①

女性は男性に捨て犬のサイトを紹介し、捨てられた子犬には飼い主が必要 なので、このサイトから子犬を選ぼうと言っている。

6. 聞いた内容として正しいものを選びなさい。

① 男性と女性は子犬を飼いたいと思っている。

② 女性は昨日ラジオでこの話を聞いた。

③ 子犬は捨て犬のサイトからのみ引き取ることができる。

④ 子犬は7日以内に飼い主に出会えないと死ぬことになる。

正解 ①

① → **B**で、男性と女性は子犬を飼ってみようと思っていたと話している。

② → **A**から、女性は昨日テレビでこの話を聞いたとわかる。

③ → **C**で、他のところにも子犬がたくさんいると言っている。

④ → **D**から、子犬は2週間以内に飼い主に出会わなければならないとわかる。

単語　□**유기견** 保護犬　□**입양** 養子縁組　□**심각성** 深刻さ
　　　□**기준** 基準

Unit 5 インタビュー

1. 次の音声を聞いて内容と一致するものを選びなさい。

여자: 가구를 만드시면서 가장 중요하게 생각하시는 건 뭔가요?

남자: 가구 만드기는 █A█ 재료 선택하기부터 중요하지 않은 부분이 없죠. 또한 █B█ 쓸 사람을 생각해야 합니다. 만드는 사람은 저이지만, 가구와 함께 살 사람은 제가 아니죠. 따라서 █C█ 저는 가구를 사용할 사람을 미리 만나 이야기를 많이 합니다.

女性：家具を作りながら、最も重要だと考えることは何でしょうか？

男性：家具作りは█A█材料を選択するところから重要でないところはありません。また、█B█使う人のことを考えなければなりません。作る人は私ですが、家具と一緒に暮らす人は私ではありません。そのため、█C█私は家具を使う人にあらかじめ会って話をたくさんします。

① 家具を作るときの材料は重要ではない。
② この人は家具を使う人を知らない。
③ 家具は使う人のことを考えて作らなければならない。
④ 家具は作る人の考えが最も重要だ。

正解 ③

① → █A█で、材料の選択から重要だと言っている。
② → █C█で、この人は家具を使う人にあらかじめ会うと言っている。
③ → █B█で、使う人のことを考えなければならないと言っている。
④ → █B█で、使う人の考えが重要だと言っている。

練習問題 訳と解答 Unit 5

55

2. 男性の中心となる考えを選びなさい。

여자: 선생님, 그런데 기술은 더 발전했지만, 이상하게도 많은 사람들이
　　　이전보다 더 우울함을 느끼는 것 같습니다.
남자: 네, 맞습니다. 생각해 보면 휴대폰이 없고, 노트북이 없을 때에도 우
　　　리는 가족이나 이웃과 함께 행복하고 즐거운 시간을 보냈습니다. 사
　　　실 우리를 행복하게 하는 것은 기술이 아니라 사람들인 것이지요. 이
　　　것을 잊고 기술에만 의존하면 오히려 관계에 문제가 생겨 우울함을
　　　느끼게 됩니다.

女性：先生、ところで、技術はもっと発展してきましたが、不思議なことに、
　　　多くの人々が以前よりも憂うつさを感じているようです。
男性：ええ、そうですね。考えてみると、携帯電話がなく、ノートパソコン
　　　がないときにも、私たちは家族や近所の人と一緒に幸せで楽しい時間
　　　を過ごしました。実際、私たちを幸せにするのは技術ではなく、人々
　　　なのです。このことを忘れて技術だけに依存すると、むしろ関係に問
　　　題が生じ、憂うつさを感じることになります。

① 技術が発達すれば幸せになる。
② 幸福は人間関係の影響を受ける。
③ 技術に依存すると、さらに幸せになる。
④ 技術の発達により、人々は不幸になった。

正解 ②

男性は、人々を幸せにするのは技術ではなく人だと言っているので、正解
は②。選択肢ではこのことを「人間関係」という言葉を使って表現している。

[3-4] 次の音声を聞いて答えなさい。

여자: 이번에 신촌에 A 5호점 카페를 개점하셨는데요. 어르신들이 일하는 카페를 어떻게 기획하게 되셨나요?

남자: 네, B 건물의 지하에서 시작한 카페 사업이 커져서 이제 5호점까지 냈습니다. 사실 대단한 생각으로 시작한 것은 아니었습니다. 저희 할아버지가 정말 멋진 분이신데 늘 저에게 좋은 조언을 많이 해 주셨거든요. C 사실 요즘 젊은 사람들이 진짜 고민이 많잖아요. 이런 어르신들의 조언을 저뿐 아니라 우리 모두가 들을 수 있으면 좋겠다고 생각했습니다. 그래서 어르신들과 편하게 소통할 수 있는 공간을 생각하다 지금의 카페를 시작하게 되었습니다. D 많은 분들이 어르신들의 조언을 들으러 와 주셔서 정말 보람을 느낍니다.

女性: この度、新村に A 5号店のカフェを開店されましたが。お年寄りが働くカフェをどうして企画することになったんですか?

男性: そうですね、B ビルの地下で始めたカフェ事業が大きくなり、今や5号店まで開店しました。実は大した思いで始めたわけではありませんでした。私の祖父が本当に素晴らしい人なんですが、いつも私に良いアドバイスをたくさんしてくださったんです。C 実際、最近の若い人たちは本当に悩みが多いじゃないですか。このようなお年寄りのアドバイスを私だけでなく、私たち皆が聞くことができればいいなと考えました。それで、お年寄りと気軽にコミュニケーションが取れる空間を考え、今のカフェを始めることになりました。D 多くの方々がお年寄りのアドバイスを聞きに来てくださるので、本当にやりがいを感じています。

3. 男性の中心となる考えとして正しいものを選びなさい。

① お年寄りのアドバイスは若者の役に立つ。

② カフェは気軽にコミュニケーションが取れなければならない。

③ 若者が行ける空間を作らなければならない。

④ 年を取っても仕事ができるところが必要である。

4. 聞いた内容として正しいものを選びなさい。

① 男性はもうすぐ5号店のカフェを開店する計画である。

② 男性は最初2階でカフェを始めた。

③ 最近、年を取った人々は悩みが多い。

④ このカフェではお年寄りのアドバイスを聞くことができる。

58

[1-2] 次の音声を聞いて内容と一致するものを選びなさい。

1.

> 남자: 주민 여러분, 안녕하십니까? 다음 주 월요일부터 우리 아파트 내 어린이 수영장을 개장합니다. 수영장은 🅐다음 주 월요일부터 한 달 동안 이용하실 수 있습니다. 🅑평일과 주말 모두 오전 11시부터 저녁 7시까지 개장하고 둘째 주와 넷째 주 일요일은 수영장 소독을 위해 오후 5시까지만 이용 가능합니다. 🅒작년과 마찬가지로 🅓8살 미만의 아이의 경우 보호자 없이는 출입이 불가능하오니 이점 유의해 주시기 바랍니다.

> 男性：住民の皆さん、こんにちは。来週月曜日から当マンション内の子供プールをオープンします。プールは🅐来週の月曜日から1カ月間ご利用いただけます。🅑平日と週末の両方とも午前11時から夕方7時までオープンし、第2・第4日曜日はプール消毒のため午後5時までのご利用となります。🅒昨年と同じく🅓8歳未満のお子様の場合、保護者なしでは出入り（入場）ができませんので、この点ご留意くださるようお願いいたします。

① 今年初めてプールがオープンする。
② プールは休みなしで運営される。
③ 8歳の子供は両親と一緒に入らなければならない。
④ プールは明日から1カ月間利用できる。

正解 ②

① → Ｃから、去年もプールをオープンしたことがわかる。

② → Ｂから、平日と週末の両方とも開いており、消毒のために早く閉める日はあっても、休みはないことがわかる。

③ → Ｄで、「8歳未満（7歳まで）」と言っているので、8歳の子供は1人で入ることができる。

④ → Ａで、利用できるのは来週の月曜日からだと言っている。

単語　□**개장하다** 開場する　□**소독** 消毒　□**보호자** 保護者
　　　□**불가능하다** 不可能だ　□**유의하다** 留意する

2.

女子：어제 오후 두 시경, 인천공항에서 아이돌 그룹을 보러 온 Ａ팬들이 한꺼번에 입국장으로 몰리면서 수십 명이 크게 다치는 사고가 발생했습니다. 이 사고로 Ｂ부상을 입은 팬들은 가까운 병원으로 옮겨져 치료를 받고 있으며 공항 시설물 일부가 파손되어 Ｃ현재 공항 관계자가 정확한 피해 규모를 조사 중입니다. 이 사고로 Ｄ그룹 멤버 한 명이 넘어져 부상을 입었지만 다행히 크게 다치지는 않았습니다.

女性：昨日午後2時頃、仁川空港で、アイドルグループを見に来たＡファンが一気に到着ロビーに押し寄せ、数十人が大けがをする事故が発生しました。この事故でＢ負傷したファンは近くの病院に運ばれて治療を受けており、空港施設の一部が破損し、Ｃ現在、空港関係者が正確な被害規模を調査中です。この事故でＤグループのメンバー1人が転倒し、負傷しましたが、幸い大きな怪我にはなりませんでした。

① 怪我をしたファンは治療を受け、全員帰宅した。

② 空港内の施設の被害に関する調査は終了した。

③ 多くのファンが一度に移動し、事故が起きた。

④ 負傷したグループのメンバーは病院で治療を受けている。

正解③

① → Ｂから、まだ病院で治療を受けていることがわかる。

② → Ｃから、今も調査をしていることがわかる。

③ → Ａで、ファンが一度に到着ロビーに押し寄せて事故が起きたと言っ
ているので、ファンの移動中に事故が起きたとわかる。

④ → Ｄで、メンバーの１人が負傷したと言っているが、病院で治療を受
けているとは言っていない。

単語　□몰리다 押し寄せる　□발생하다 発生する
　　　□부상을 입다 負傷する　□시설물 施設（物）
　　　□파손되다 破損する　□규모 規模

解答・解説

練習問題

[1-2] 次の音声を聞いて問いに答えなさい。

여자: 인주시의 주민 창업 지원금 제도 말인데요, 40대 이상은 신청할 수
　　　도 없다니, 불공평한 것 같아요.

남자: 음…… 이제 막 사회생활을 시작한 청년들을 돕자는 취지로 시작됐으
　　　니까 그렇게 정한 것인데요. A그럼 40대까지 지원 가능하도록 조
　　　건을 완화하는 것에 대해서는 어떻게 생각하십니까?

여자: 꼭 청년들만 창업을 하는 건 아니잖아요. 요즘은 평균 수명이 늘어났
　　　고, 평생 한 가지 직업만 갖고 사는 시대도 아니에요. 30대든 40대
　　　든 나이를 제한하는 것 자체가 문제라고 생각합니다.

남자: 하지만 요즘은 청년들이 창업하기가 힘든 시대이기도 하지요. 우리
　　　인주시는 특히 청년 인구 비율이 높은 도시입니다. B청년들을 우선
　　　시하는 제도가 꼭 필요하다는 사실을 고려해 주셨으면 합니다.

女性：インジュ市の住民創業支援金制度のことですが、40代以上は申請す
　　　ることもできないなんて、不公平だと思います。

男性：うーん……社会生活を始めたばかりの若者たちを助けようという趣旨
　　　で始まったので、そのように決まったわけなんですが。Aでは、40代
　　　まで申し込めるように条件を緩和することについてはどう思いますか？

女性：必ずしも若者だけが創業するわけではないじゃないですか。最近は平
　　　均寿命が延びて、一生一つの仕事だけをして生きていく時代でもあり
　　　ません。30代であろうが40代であろうが、年齢を制限すること自体
　　　が問題だと思います。

男性：しかし、最近は若者が創業するのが大変な時代でもありますよね。我々、
　　　インジュ市は特に若者人口の割合が高い都市です。B若者たちを優
　　　先する制度がぜひとも必要だという事実を考慮していただきたいです。

1. 男性の考えとして適切なものを選びなさい。

① 40代以上は創業支援金を受け取る必要がない。

② 若者に恩恵を与える制度を作る必要がある。

③ この制度は若者だけに役立つので問題がある。

④ 年齢に関係なく誰でも支援を受けることができなければならない。

正解 ②

男性が B で若者たちを優先する制度が必要だと述べている。これを、若者たちに恩恵を与える制度と言い換えている②が正解。①について男性は若者のための制度が必要だと述べているが、40代以上は支援金を受け取る必要がないとまでは述べていないので誤答。③と④は女性の意見に近い。

2. 男性の態度として適切なものを選びなさい。

① 相手の意見を支持している。

② 資料を基に強く批判している。

③ 提起された問題について妥協点を探っている。

④ 自分と異なる意見に対して一つ一つ反論している。

正解 ③

女性の発言に対し、 A のように意見を聞いていることから、男性は妥協点を探していると考えられるので③が正解。

単語 □창업 創業、起業 □지원금 支援金 □취지 趣旨 □완화 緩和
　　　□혜택을 주다 恩恵を与える □타협점 妥協点

Unit 2　専門家へのインタビュー

[1-2] 次の音声を聞いて問いに答えなさい。

남자: 수상을 축하드립니다. 올해 '아름다운 노래 가사' 부문이 특히 경쟁
　　　이 치열했는데 소감이 어떠십니까?
여자: 정말 감사합니다. **A**저 말고도 좋은 가사를 쓰신 분들이 많았는데
　　　제가 가장 선배라는 이유로 받은 것 같아 쑥스럽기도 하네요. 제가
　　　쓴 500여 곡의 노랫말 중에 개인적으로 제일 좋아하는 곡으로 상을
　　　타게 되어 정말 기쁩니다. **B**함께 상을 받은 '아름다운 광고' 부문의
　　　김민수 씨에게도 축하를 전하고 싶습니다.
남자: 너무 겸손하시네요. 긴 세월 동안 순수 한국어로 된 아름다운 곡들을
　　　많이 만드셨으니 이번 수상은 당연한 결과로 보입니다.
여자: 그렇게 말씀해주시니 감사합니다. 사실 **C**매년 한글날, 수상자가 발
　　　표 될 때마다 기대하지 않았다면 거짓말이겠지요. 하지만 저보다 더
　　　한글을 사랑하는 분들이 많이 계셔서 섭섭하지 않았습니다. 사실 중
　　　요한 것은 상이 아니라 **D**한글날을 기념해서 한글의 아름다움을 널
　　　리 알리는 것이니까요.

男性：受賞おめでとうございます。今年の「美しい歌詞」部門は特に競争が
　　　激しかったのですが、ご感想はいかがでしょうか？
女性：本当にありがとうございます。**A**私の他にも良い歌詞を書いた方々
　　　がたくさんいらっしゃったのに、私が一番先輩だという理由で受賞し
　　　たようで照れ臭いですね。私が書いた500余りの曲の歌詞の中で、個
　　　人的に一番好きな曲で賞をもらうことができ、本当に嬉しいです。
　　　B一緒に賞をもらった「美しい広告」部門のキム・ミンスさんにも
　　　お祝いを申し上げたいと思います。

男性：ご謙遜なさっていますね。長い歳月の間、純粋な韓国語で書かれた美しい曲をたくさん作ってくださったので、今回の受賞は当然の結果だと思われます。

女性：そう言ってくださり、ありがとうございます。実は、C 毎年ハングルの日に受賞者が発表されるたび、期待していなかったといえば嘘になります。しかし、私よりもっとハングルを愛する方々がたくさんいらっしゃったので、残念に思うことはありませんでした。実際、重要なのは賞ではなく、D ハングルの日を記念してハングルの美しさを広く知らせることですから。

1. 女性は誰なのか正しいものを選びなさい。
① 500曲以上を歌った歌手
② 韓国語が上手な外国人
③ 韓国語だけで歌詞を書く作詞家
④ 外国語を韓国語に翻訳する人

正解 ③

女性は500曲を超える多くの歌詞を書いてきたと言っている。また、男性が純粋な韓国語で書かれた美しい曲、と言っているので③が正解。

2. 聞いた内容として正しいものを選びなさい。
① 今年、この大会で女性だけが賞をもらった。
② この大会は毎年ハングルの日を記念して開かれる。
③ 女性は賞をもらう前はこの大会について全く知らなかった。
④ 今年「美しい歌詞」部門は良い作品があまりなかった。

正解 ②

① → B から、この大会には「美しい広告」部門があり、「キム・ミンス」という人物が受賞したことがわかる。

② → **C**で「毎年ハングルの日」、**D**で「ハングルの日を記念して」と言っ
ている。

③ → **C**で、毎年発表される受賞者を興味深く見ていたと言っている。

④ → **A**から、良い歌詞（作品）を書いた人がたくさんいたということが
わかる。

単語　□**수상** 受賞　□**부문** 部門　□**치열하다** 激しい、熾烈だ

　　　□**노랫말** 歌詞　□**상을 타다** 賞をもらう　□**한글날** ハングルの日

[3-4] 次の音声を聞いて問いに答えなさい。

여자 : 저는 대표님 회사의 이야기를 듣고 나서야 사람마다 자기한테 어울
리는 색깔이 있다는 사실을 알았습니다.

남자 : 네, 상담 받으러 오시는 분들도 **A**이런 게 있는 줄 몰랐다는 얘기를
많이 하세요. 모든 사람의 외모가 다 다른 것처럼 자신에게 어울리는
색깔도 다 달라요. 피부나 머리카락 색깔, 표정이나 체형에 따라서
차이가 있습니다. 저희는 여러 방식으로 진단을 해서 고객님께 적합
한 색깔을 찾아 드리는 일을 하고 있어요. 처음에는 **B**연예인분들이
상담을 받으러 많이 오셨어요. 아무래도 외적인 아름다움이 강조된
분야니까 자신을 최대한 잘 꾸미기 위해서 그렇겠지요. **C**하지만 요
즘에는 취업을 앞둔 학생들이 상담을 많이 받습니다. 취업을 준비하
며 자신의 매력을 잘 보여 줄 수 있는 옷의 색이나 증명사진 배경색
에 대해서 많이 물어보십니다.

女性 : 私は代表の会社のお話をお聞きしてから、人によってそれぞれ似合う
色があるということを知りました。

男性 : はい。カウンセリング（相談）を受けに来られる方々も、**A**このよ
うなことがあるとは知らなかったとよくおっしゃいます。誰もが外見
が違うように、自分に似合う色も違います。肌や髪の毛の色、表情や
体型によって違いがあります。私たちはさまざまな方法で診断し、お

68

客様に合った色をお探しする仕事をしております。最初は B 芸能人の方々がカウンセリングを受けに多くいらっしゃいました。どうしても外見的な美しさが強調される業界ですから、自分自身を最大限きれいに飾るためでしょう。しかし、 C 最近では就職を控えた学生たちがカウンセリングを多く受けています。就職の準備をする中で、自分の魅力をアピールすることができる服の色や証明写真の背景色についてたくさんのご質問をいただいております。

3. 男性の中心となる考えとして適切なものを選びなさい。
① 誰にでも自分に似合う色がある。
② 自分が持っている魅力は色に関係なく現れるようになっている。
③ 人の外見はさまざまであるが、似合う色はほとんど似ている。
④ 自分の魅力を表すためには、好きな色の服を着なければならない。

正解 ①

女性は男性の話を聞いて、「人によってそれぞれ似合う色があることを知った」と言っている。また、男性はカウンセリングを受けに来る人に似合う色を探す仕事をしていると言っているので①が正解。

4. 聞いた内容と一致するものを選びなさい。
① ほとんどの人は自分に似合う色をよく知っている。
② 芸能人は容姿が優れているため、すべての色がよく似合う。
③ 就職のために自分の魅力をもっと表すことができる方法を探している学生が多い。
④ 似合う色を調べる方法はとても簡単なので、誰でも家で診断できる。

正解 ③

① → A から、知らない人が多いことがわかる。
② → B で、芸能人もカウンセリングを受けに来たと言っていることから、芸能人でも自分に似合う色を探しているとわかる。

③ → C から、自分の魅力をアピールすることができる色を探すためにカウンセリングを受けにくる学生が多いとわかる。

④ → このような内容は話されていない。

単語 □**어울리다** 似合う　□**상담을 받다** カウンセリング（相談）を受ける

□**진단** 診断　□**꾸미다** 飾る　□**드러내다** 現す・表す

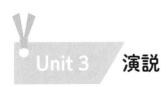

Unit 3 演説

[1-2] 次の音声を聞いて問いに答えなさい。

남자: 여러분, 안녕하십니까? 인주식품 회장 김민수입니다. 먼저 저희 기업이 착한기업 상을 수상하게 되어 영광입니다. 특히 이 상은 Ａ소비자들의 투표로 정해진다고 들었기 때문에 더욱 더 그 의미가 큰 것 같습니다. 저희 기업에서 가장 중요하게 생각하는 것은 기업의 사회적 역할입니다. 저희 기업은 20년 전부터 Ｂ심장병 어린이의 수술 비용을 후원하고 있습니다. 매달 5명으로 시작했지만 인원을 점차 늘려 현재는 Ｃ매달 23명을 후원하고 있습니다. 그리고 10년 전 저의 사비로 설립한 재단에서는 Ｄ형편이 어려운 대학생들에게 장학금도 지원하고 있습니다. 앞으로는 기업의 사회적 책임이 무엇보다 중요하다고 생각합니다. 기업의 사회적 기여에 더 관심을 가지고 소비자에게 신뢰와 존경을 받는 기업으로 남을 수 있도록 힘쓰겠습니다.

男性：皆さん、こんにちは。インジュ食品の会長のキム・ミンスです。まず、弊社が「善良な企業賞」を受賞することができ、光栄です。特にこの賞は Ａ消費者の方々の投票で決まると聞いているので、さらにその意味が大きいように思います。弊社で最も重要だと考えているのは、企業の社会的役割です。弊社は20年前から Ｂ心臓病の子供の手術費用を援助しています。毎月5人で始めましたが、人数を徐々に増やし、現在は Ｃ毎月23人を援助しています。そして、10年前、私の私費で設立した財団では Ｄ生活が苦しい大学生たちに奨学金も支援しています。これからは企業の社会的責任が何より重要だと考えています。企業の社会的貢献にさらなる関心を持ち、消費者から信頼と尊敬を受けられる企業として残っていけるよう努めます。

1. 男性は何をしているのか選びなさい。

① この企業の成功の秘訣について説明している。

② この企業の成長過程について報告している。

③ 人々に寄付に参加することを要請している。

④ 社会貢献活動の重要性について話している。

正解 ④

男性は企業の社会的役割と社会的責任の重要性について実践例を紹介しながら話しているので④が正解。

2. 聞いた内容として正しいものを選びなさい。

①「善良な企業賞」は政府が選定して与える賞である。

② 毎月20人以上がこの企業から奨学金を受けている。

③ 奨学金は成績の良い学生が優先的に受け取ることができる。

④ この会社は病気の子供たちのために金銭的な援助を行っている。

正解 ④

① → **A** から、消費者の投票で決まることがわかる。

② → **B** と **C** から、毎月20人以上が支援を受けているのは手術費用だとわかる。

③ → **D** から、奨学金は生活が苦しい学生たちが受け取ることがわかる。

④ → **B** で、心臓病の子供たちのために援助していると言っている。

単語　□**수상하다** 受賞する　□**투표** 投票　□**사회적** 社会的

　　　□**심장병** 心臓病　□**수술 비용** 手術費用　□**후원하다** 援助する

　　　□**인원** 人員　□**사비** 私費　□**설립하다** 設立する　□**재단** 財団

　　　□**형편이 어렵다** 生活が苦しい　□**지원하다** 支援する

　　　□**공헌** 貢献　□**금전적** 金銭的

72

Unit 4　講演

[1-2] 次の音声を聞いて問いに答えなさい。

여자: 보통 좋은 뜻을 담기 위해 한자로 이름을 많이 짓지만, A고민을 해보면 좋은 뜻을 가진 한글 이름도 충분히 지을 수 있습니다. 좋은 의미가 담긴 한글 이름을 짓는 방법은 여러 가지가 있습니다. 먼저 B이미 있는 한글 단어를 사용하는 방법이지요. '용'을 뜻하는 '미르'나 '보람차다'는 뜻의 '보람'이 이런 이름입니다. 전문가가 아니어도 도전해 볼 만한 방법이지요. 물론 좀 더 창의적으로 C한글로 된 여러 단어를 모아서 이름을 만들 수도 있습니다. 예를 들어 '슬옹'이라는 이름은 '슬기롭다'와 '옹골차다'를 합쳐서 만든 이름입니다. '슬옹'은 D흔하지도 않고 좋은 뜻도 있으니 아주 잘 지어진 한글 이름이라고 볼 수 있지요.

女性：一般的に、良い意味を込めるために漢字で名前を付けることは多いですが、A工夫をすれば、良い意味を持つハングルの名前も十分付けることができます。良い意味を込めたハングルの名前を付ける方法はいろいろあります。まず、Bすでに存在するハングルの単語を使う方法です。「龍」を意味する「미르」や「やりがいがある」という意味の「보람」がそのような名前です。専門家でなくても挑戦してみる価値のある方法でしょう。もちろん、もっと創意的にCハングルでできたいくつかの単語を合わせて名前を作ることもできます。例えば「슬옹」という名前は「슬기롭다（賢い）」と「옹골차다（充実している）」を合わせて作った名前です。「슬옹」はDありふれておらず、良い意味も持っているので、大変よくできたハングルの名前だと言えます。

1. 何に関する内容であるか、正しいものを選びなさい。
① ハングルの名前の短所
② ハングルの名前の重要性
③ ハングルの名前の相違点
④ ハングルの名前の付け方

正解 ④

この講義では、良い意味を込めたハングル名の作り方について説明しているので、正解は④。

2. 聞いた内容として正しいものを選びなさい。
① ハングルの名前は意味を持たない。
② 「미르」は二つの単語を合わせた名前である。
③ いくつかの単語を合わせて名前を付けることができる。
④ 多くの人が使う名前が良い名前である。

正解 ③

① → A で、ハングルの名前も意味を持つことができると言っている。
② → B から、미르 は「龍」の意味を持つハングルの単語で、二つの単語を合わせた名前ではないとわかる。
③ → C で、いくつかの単語を合わせて名前を作ることができると言っている。
④ → D でありふれておらず、良い意味を持つ名前が良い名前だと言っている。

単語 □의미 意味 □보람차다 やりがいがある □창의적 創意的
□슬기롭다 賢い □옹골차다 充実している

74

[3-4] 次の音声を聞いて問いに答えなさい。

여자: 우리는 같은 음식이 시대와 상황에 따라, 이전과는 달라지는 것을 쉽게 볼 수 있습니다. 예를 한번 들어 볼까요? 떡볶이는 대표적인 한국의 길거리 음식입니다. 그런데 이 떡볶이가 처음부터 지금과 같은 모습은 아니었습니다. A초기의 떡볶이는 궁중에서 간장 양념에 재운 쇠고기와 떡을 같이 볶아서 만든 음식이었죠. 현재와 같은 B고추장으로 맛을 낸 떡볶이는 한국전쟁 이후 등장합니다. 그리고 최근에는 짜장으로 양념을 하는 짜장 떡볶이뿐만 아니라 다양한 재료를 넣은 떡볶이도 유행하고 있고요. 다른 음식에서도 이러한 예를 쉽게 찾아볼 수 있습니다. 시대가 지나며 입맛도 바뀌고 음식을 즐기는 문화도 변화합니다.

女性：私たちは同じ料理が時代や状況によって、以前とは変化しているのをよく見ることができます。例を挙げてみましょうか。トッポッキは代表的な韓国の屋台料理です。しかし、このトッポッキは最初から今のような姿ではありませんでした。A初期のトッポッキは宮廷で醤油ダレに漬け込んだ牛肉と餅を一緒に炒めて作った料理でした。現在のようなBコチュジャンで味付けしたトッポッキは、韓国戦争（朝鮮戦争）以後に登場します。そして最近では、チャジャンソースで味付けするチャジャントッポッキだけでなく、さまざまな材料を入れたトッポッキも流行っています。他の料理でもこのような例を簡単に見つけることができます。時代が経つにつれて好みも変わり、食べ物を楽しむ文化も変化しています。

3. この講演の中心となる内容として正しいものを選びなさい。
① トッポッキは韓国の伝統料理である。
② 同じ料理も時代によって変わる。
③ トッポッキはさまざまな方法で作ることができる。
④ 時代が変わっても変わらない味がある。

4. 聞いた内容と一致するものを選びなさい。
① 初期のトッポッキには肉を入れなかった。
② トッポッキはもともと宮中では食べなかった。
③ 韓国戦争後、トッポッキにコチュジャンを入れた。
④ 最近では、醤油で作るトッポッキが出てきた。

[5-6] 次の音声を聞いて問いに答えなさい。

여자: Ａ 1970년대 말부터 학습자들의 지능을 측정하고자 하는 노력이 있
었습니다. 흔히 생각하는 아이큐 검사도 그중에 한 가지지요. Ｂ 초
기에 등장한 대부분의 검사는 언어 지능, 논리 수학 지능만을 중심으
로 이루어졌습니다. 하지만 우리가 주변을 조금만 둘러보아도 각 사
람마다 강점이 다르다는 것을 쉽게 알 수 있죠. 이처럼 Ｃ 사실 각 사
람의 지능을 한, 두 가지 영역으로만 측정하는 것은 문제가 있습니다.

이 관점에서 다양한 분야의 지능을 고려해야 한다는 주장과 함께 등장한 것이 바로 가드너의 다중 지능 이론입니다. D다중 지능 이론에서는 각 사람의 지능을 최소 7가지의 영역에서 측정하고 그 중 강점이 무엇인지를 고려하여 교육에 반영해야 한다고 말합니다.

女性：A1970年代末から学習者の知能を測定しようとする努力がありました。一般的に考えるIQ検査もその中の一つです。B初期に登場した多くの検査は言語知能、論理数学知能だけを中心に行われました。しかし、私たちが周りを少しだけ見回してみても、人によってそれぞれ強みが異なるということはすぐにわかります。このように、C実際には各人の知能を一つや二つの領域だけで測定するのは問題があります。この観点から、多様な分野の知能を考慮しなければならないという主張とともに登場したのがまさにガードナーの多重知能理論です。D多重知能理論では、各人の知能を少なくとも7つの領域で測定し、その中で強みが何であるかを考慮して教育に反映しなければならないと述べています。

5. 聞いた内容と一致するものを選びなさい。
① 1970年代には知能を測定しなかった。
② 初期のIQ検査では言語知能を検査しなかった。
③ 人間の知能は多様な領域において測定しなければならない。
④ 教育では多重知能を考慮しなくてもよい。

正解 ③
① → Aで、1970年代末から知能を測定しようとしていたと言っている。
② → Bから、初期から言語知能を検査していたことがわかる。
③ → Cで、人の知能を一つや二つの領域だけで測定するのは問題がある
　　　と述べ、多様な分野の知能を考慮するべきだというガードナーの多
　　　重知能理論を紹介している。

④ → Ｄで、多重知能理論では、測定したものの中から強みを見つけ出し、それを考慮して教育に反映しなければならないと紹介している。

6. 女性の話し方として最も適切なものを選びなさい。

① 多重知能検査の短所を説明している。

② 多重知能検査の方法を要約している。

③ 多重知能が登場した背景を紹介している。

④ 知能検査のいくつかの方法を比較している。

正解 ③

女性は多重知能理論が登場した理由を紹介しているので、正解は③。

単語 □지능 知能 □측정하다 測定する □아이큐 검사 IQ検査
□논리 論理 □고려하다 考慮する □다중 지능 多重知能
□반영하다 反映する

[7-8] 次の音声を聞いて問いに答えなさい。

여자: Ａ최근 세계적인 전염병 발병으로 사람들의 신체 정보를 빠르게 수집할 수 있는 기술의 필요성이 많이 언급되고 있습니다. Ｂ손목시계처럼 차면 바로바로 혈압과 체온을 재고, 그것을 보건기관으로 송신하는 기계가 당장이라도 나올 것 같습니다. 이러한 기술은 병이 퍼지기 전 먼저 환자를 찾아내고 대처할 수 있다는 점에서 공중보건의 미래가 될 수 있겠지요. Ｃ하지만 우리의 체온을 감지하고, 또 우리가 작은 기침을 하는 것까지 기록할 수 있는 기술이라면 우리의 감정과 생각을 잡아내는 것도 가능함을 의미합니다. 이것은 곧 Ｄ24시간 우리의 생각과 행동이 감시 당할 수 있다는 것을 말합니다.

女性：Ａ最近、世界的な伝染病の発症で人々の身体情報を素早く収集でき
　　　る技術の必要性が多く唱えられています。Ｂ腕時計のように、着用
　　　するとすぐに血圧と体温を測り、それを保健機関に送信する機械が今
　　　にも出てきそうです。このような技術は、病が広がる前にまず患者を
　　　見つけ出して対処できるという点で公衆保健の未来になりうるでしょ
　　　う。Ｃしかし、私たちの体温を感知したり、または私たちが小さな
　　　咳をすることまで記録できたりする技術であれば、私たちの感情や考
　　　えを見つけることも可能であることを意味します。これはすなわち、
　　　Ｄ24時間私たちの考えと行動が監視されうることを意味します。

7. 聞いた内容と一致するものを選びなさい。
① 少し前に、世界的に伝染病が広がった。
② すぐに身体情報を送信する機械が開発された。
③ 技術で私たちの感情と考えを知ることはできない。
④ 伝染病により、私たちは24時間監視されている。

正解 ①
① → Ａから、最近、世界的に伝染病が流行したことがわかる。
② → Ｂから、機械はまだ開発されたわけではないとわかる。
③ → Ｃで、感情や考えを読み取ることも可能だと言っている。
④ → Ｄから、今後私たちが監視される可能性があることを懸念している。

8. 女性の態度として最も適切なものを選びなさい。
① 新しい技術を肯定的に評価している。
② 新しい技術の誤った使用を懸念している。
③ 新しい保健技術の必要性を強調している。
④ 公衆保健の将来を肯定的に見ている。

正解 ②

女性は人々の身体情報を収集する技術が人々を監視することに使われることを心配しているので正解は②。

単語　□전염병 伝染病　□발병 発症　□수집하다 収集する
　　　□보건기관 保健機関　□송신하다 送信する
　　　□대처하다 対処する　□감시(를) 당하다 監視(を) される

Unit 5　ドキュメンタリー

[1-2] 次はドキュメンタリーです。よく聞いて問いに答えなさい。

男子: 동물과 같이 식물도 위험을 감지하고 주변 식물들과 의사소통을 한다. 식물은 A재스민이라는 향기가 나는 물질을 통해 주변에 벌레의 공격을 알린다. 재스민은 벌레의 공격으로 손상된 부위에서 생산되어 주변으로 쉽게 날아간다. 주변의 식물은 이 신호를 인식하고 곤충에게 해가 되는 물질들을 축적하여 공격에 대비한다. 재스민 외에도 식물은 방향성 아스피린을 방출하여 주변 식물에 신호를 전한다. 한 식물이 병균에 감염되면 주변에 아스피린으로 신호를 보내 대비하게 하는 것이다. 재스민이나 아스피린 이외에도 식물은 다양한 향기로 서로 신호를 주고받는다. 따라서 숲의 다양한 향기들은 식물 간의 대화인 것이다.

男性: 動物のように植物も危険を感知し、周辺の植物とコミュニケーションをとる。植物は A ジャスミンという香りの出る物質を通して、周辺に虫の攻撃を知らせる。ジャスミンは虫の攻撃によって損傷した部位から作られ、周辺に難なく飛んでいく。周辺の植物はこのシグナルを認識し、昆虫に害を及ぼす物質を蓄積して攻撃に備える。ジャスミンの他にも植物は芳香性アスピリンを放出して周辺の植物にシグナルを送る。ある植物が病原菌に感染すると、周辺にアスピリンでシグナルを送り、備えるようにするのである。ジャスミンやアスピリン以外にも植物は多様な香りで互いにシグナルをやりとりする。したがって、森の多様な香りは植物同士の会話であるのだ。

1. この話の中心となる内容として正しいものを選びなさい。

① 植物は多様な香りを作る。

② 植物も周辺の危険を感知する。

③ 植物も自然からさまざまな攻撃を受ける。

④ 植物は多様な香りでコミュニケーションをとる。

正解 ④

植物が香りの出る物質で会話をするということがこの話の中心となる内容。
正解は④。

2. 植物がジャスミンを作る理由として正しいものを選びなさい。

① 昆虫を集めるために

② 昆虫の攻撃を知らせるために

③ 損傷した部位を保護するために

④ 病原菌から身を守るために

正解 ②

A で述べているように、ジャスミンは虫の攻撃を知らせるために作られる。
したがって、虫を昆虫に言い換えている②が正解。

単語　□위험 危険　□공격 攻撃　□손상되다 損傷する　□부위 部位
　　　□생산되다 生産される　□인식하다 認識する
　　　□축적하다 蓄積する　□방향성 芳香性　□방출하다 放出する
　　　□감염되다 感染する　□대비하다 備える

82

対談

練習問題　訳と解答

[1-2] 次は対談です。よく聞いて問いに答えなさい。

여자: 왜 사람들이 도서정가제의 폐지를 요구하게 된 건가요? 원래 이 제도는 동네 서점을 보호하기 위해서 도입됐다고 들었는데요.

남자: 제도의 취지와는 달리 동네 서점의 수가 감소했고 여러 가지 부작용이 발생했기 때문이죠. 도서정가제란 2014년부터 시행된 제도인데요. 쉽게 말하면 Ａ책을 정해진 가격으로만 사고 팔 수 있게 제한을 둔 제도입니다. 대형 서점에서의 할인 행사 등으로 가격 경쟁에서 밀린 동네 서점을 보호하기 위해서 도입되었습니다. 하지만 이 제도의 시행으로 인해 Ｂ책을 다양한 방법을 통해 저렴하게 구입할 수 있는 길이 사라져서 도서 판매량이 감소하였습니다. Ｃ그 결과 지역 서점들도 많이 사라졌고요. 또한 출판사에서는 책이 안 팔리면 할인과 같은 방법으로 재고를 처리 해야 하는데 그 길이 막히다 보니 Ｄ팔지 못한 도서를 폐기하는 비용도 발생하게 되었지요. 이러한 여러 가지 문제를 해결하기 위해서는 도서의 가격만 문제 삼을 것이 아니라 출판사와 서점 그리고 소비자 모두에게 이익이 될 수 있는 방안을 모색해봐야 할 것 같습니다.

女性：どうして人々は図書定価制の廃止を要求するようになったのでしょうか。本来この制度は町の書店を保護するために導入されたと聞いておりますが。

男性：制度の趣旨に反して町の書店の数が減少し、さまざまな副作用が発生したからです。図書定価制とは、2014年から施行されている制度です。簡単に言うと、Ａ本を決められた価格でのみ売買できるように制限を設けた制度です。大型書店での割引イベントなどによる価格競争に

負けた町の書店を保護するために導入されました。しかし、この制度の施行により、B書籍をさまざまな方法で安く購入できる道がなくなり、書籍の販売量が減少しました。Cその結果、地域の書店もたくさんなくなりましたし、また、出版社では本が売れないと、割引のような方法で在庫を処理しなければならないのですが、その道が閉ざされたため、D売れなかった書籍を廃棄する費用も発生するようになりました。このようなさまざまな問題を解決するためには、書籍の価格だけを問題視するのではなく、出版社と書店、そして消費者のすべてにとって利益となる方策を模索してみなければならないようです。

1. この談話の前にくる内容として適切なものを選びなさい。
① 政府はこの制度を施行することに決めた。
② この制度に対する市民の意見を調べた。
③ 人々はこの制度がなくなることを望んでいる。
④ この制度は問題点が多く、施行前に検討することにした。

正解 ③
女性が最初に話している内容で、人々はこの制度の廃止を望んでいるのはなぜかと質問をしている。したがって、これより前にはこの制度をなくすことに関する内容が来ると考えられる。

2. 聞いた内容と一致するものを選びなさい。
① この制度の施行以降、町の書店が活性化した。
② 売れていない本を処理するにはお金がたくさんかかる。
③ この制度により本を安く購入することが可能になった。
④ この制度により書籍の価格を自主的に決めることができるようになった。

正解 ②

① → **C**で、地域の書店（町の書店）がたくさんなくなったと言っている。

② → **D**で、売れなかった書籍を廃棄する際に費用が多く発生すると言っている。また、ここでは폐기하다（廃棄する）を처리하다（処理する）に言い換えている。

③ → **B**から、難しくなったことがわかる。

④ → **A**で、図書定価制は本来決められている書籍の価格を変えられないようにする制度と言っている。

単語　□**폐지** 廃止　□**도입되다** 導入される　□**시행되다** 施行される
　　　□**제한** 制限　□**폐기하다** 廃棄する　□**모색하다** 模索する

[3-4] 次は対談です。よく聞いて問いに答えなさい。

여자: 취업 준비생들의 부담을 덜어주기 위해서 도입된 청년 구직 활동 지원금, 이른바 청년수당이라고 하죠. 이 청년수당이 **A**본래 취지와는 다르게 쓰인다고 비판을 받는데 왜 이런 이야기가 나오게 된 겁니까?

남자: 원래 이 정책은 아직 취업을 하지 못한 **B**미취업 청년층이 돈 걱정 없이 일자리를 찾는데 집중할 수 있도록 구직 활동을 위한 금전적인 지원을 해주고자 만들어졌습니다. **C**5년 전에 서울시가 발표한 정책이죠. 문제는 수급자들 가운데 일부가 청년수당으로 치아 교정을 하거나 에어컨을 구입하는 등 기존의 취지와 다르게 쓰고 있다는 겁니다. 하지만 이런 것들은 보는 시각에 따라서 구직 활동과 관계가 있다고도 볼 수 있습니다. 이렇게 의견이 분분한 이유는 **D**어디까지가 구직 활동인지 사람들마다 생각이 달라서 생긴 일인데요. 앞으로 청년수당이 비난을 받지 않고 더 효율적으로 쓰이려면 구체적인 구직 활동의 범위를 정하는 것이 필요할 것 같습니다.

女性：就活生の負担を減らすために導入された青年求職活動支援金、いわゆる青年手当と言いますよね。この青年手当が A 本来の趣旨とは違うかたちで使われていると批判されていますが、どうしてこのような話が出るようになったのでしょうか。

男性：もともとこの政策は、まだ就職ができていない B 未就業の青年層がお金の心配をせずに仕事を探すことに集中できるよう、求職活動の金銭的な支援をするために作られました。 C 5年前にソウル市が発表した政策なんです。問題は受給者のうち、一部の人が青年手当で歯の矯正をしたり、エアコンを購入したりするなど、従来の趣旨とは違う使い方をしているということです。しかし、このようなことは見方によって求職活動と関係があると捉えることもできます。このように意見が分かれる理由は、 D どこまでが求職活動であるのか、人によって考え方が異なるために生じたことなのです。今後、青年手当が非難されず、より効率的に使われるためには具体的な求職活動の範囲を定めることが必要だと思います。

3. 聞いた内容と一致するものを選びなさい。
① 青年手当は今年初めて支給された。
② 求職活動に対する基準は誰もみな同じである。
③ 市民は青年手当に対して否定的な反応を示した。
④ 青年手当は未就業の青年たちの生活費を目的に支給された。

正解 ③
① → C から、この政策は5年前から始まっているとわかる。
② → D で、求職活動の範囲についての考え方は人によって異なると言っている。
③ → A で、この政策が批判されているとあるので、否定的な反応が示されていると言える。
④ → B で、青年手当は求職活動に必要な費用を支援する目的で支給されていると言っていることから、生活費の支給ではないことがわかる。

4. 男性の態度として最も適切なものを選びなさい。

① 青年手当の限界を指摘している。

② 青年手当の補完すべき点を提示している。

③ 青年手当の副作用について語っている。

④ 青年手当の必要性に疑問を提起している。

正解 ②

男性は、この政策が批判されている原因について述べた後、非難を受けず
により効率的に使われるための方法を提示している。よって、②が正解。

単語　□취지 趣旨　□미취업 未就職　□금전적 지원 金銭的支援
　　　□수급자 受給者　□분분하다 (意見などが) 分かれる
　　　□지급되다 支給される　□동일하다 同一だ

解答・解説

- ・第 1 回 模擬試験
- ・第 2 回 模擬試験

解答（配点は各2点）

1	④	2	②	3	①	4	②	5	③	6	①	7	②	8	④	9	③	10	②
11	③	12	③	13	②	14	③	15	③	16	③	17	②	18	②	19	④	20	①
21	②	22	③	23	④	24	③	25	②	26	④	27	③	28	④	29	②	30	④
31	①	32	③	33	④	34	①	35	②	36	④	37	④	38	③	39	④	40	②
41	①	42	②	43	②	44	④	45	②	46	④	47	③	48	③	49	③	50	④

※ [1-3] 次の音声を聞いて適切な絵またはグラフを選びなさい。（各2点）

1.

여자 : 자동차는 다 고쳤어요?

남자 : 아뇨, 이번 주말에나 찾을 수 있대요.

여자 : 그렇군요. 그럼 그동안은 A 이렇게 제 차로 같이 가요.

女性：車はもう直りましたか？

男性：いいえ、今週末にやっと引き渡しができるそうです。

女性：そうですか。じゃあ、その間は A こうやって私の車で一緒に行きましょう。

正解 ④

A で、女性が男性に、こうやって自分の車で一緒に行こうと言っているので、二人は女性の運転する車に乗っていることがわかる。したがって、④が正解。

2.

　　남자 : A 곧 회의 시작인데 준비는 끝났어요?

　　여자 : 네, 거의 다 했어요. 그런데 B 이 노트북은 어디에 반납해요?

　　남자 : 그건 이따가 회의 끝나고 제가 전화로 물어볼게요.

男性 : A もうすぐ会議が始まりますが、準備は終わりましたか？

女性 : はい、ほとんど終わっています。ところで、B このノートパソコン
　　　　はどこに返却するんですか？

男性 : それは後で会議が終わってから、私が電話で聞いてみますね。

正解 ②

男性は A で女性に、「これから会議が始まる」と言った後、会議の準備が
終わったのか尋ねている。また、女性は B で、使っているノートパソコン
の返却先について尋ねている。したがって、正解は②。④は女性がノート
パソコンを返却しているところなので、誤答となる。

単語　□반납하다 返却する

3.

　　남자 : 최근 가정에서 애완동물을 키우는 사람들이 많이 늘어났다고 합니다.
　　　　　보건복지부의 조사 결과에 따르면 애완동물을 키우는 국민의 수는
　　　　　A 2017년 이후 지속적으로 증가하였으며, 특히 2019년에는 전년의
　　　　　두 배가 된 것으로 나타났습니다. B '개'를 가장 많이 키우는 것으로
　　　　　나타났으며 그 다음으로는 '고양이', 그리고 '햄스터'가 그 뒤를 이었
　　　　　습니다.

男性 : 最近、家庭でペットを飼っている人が大幅に増えたそうです。保健福
　　　　祉部の調査結果によると、ペットを飼っている国民の数は A 2017 年
　　　　以降、継続的に増加しており、特に 2019 年は前年の 2 倍になったこ

とがわかりました。**B**「犬」が最も多く飼われていることがわかり、その次に「猫」、そして「ハムスター」がその後に続きました。

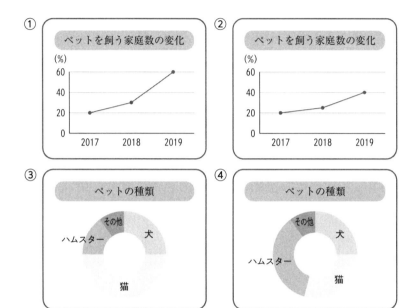

※ [4-8] 次の会話をよく聞いて、後に続く言葉を選びなさい。（各2点）

4.

남자 : 여기에 있던 책 못 봤어요?
여자 : 책이요? 글쎄요, Ａ 무슨 책인데요?
남자 : 소설책인데 찾을 수가 없네요.

男性 : ここにあった本、見ませんでしたか？
女性 : 本ですか？　さあ、Ａ 何の本ですか？
男性 : 小説なんですが、見つからないんです。

① その本が本当に有名なんですよ。
② 小説なんですが、見つからないんです。
③ 私はあまり本が好きではありませんので。
④ 本を早く返却するようにと電話しました。

> 正解 ②
>
> 男性は失くしてしまった本を探しており、女性はＡで探している本について尋ねている。よって、本の種類について述べている②が適切。
>
> 単語　□ 소설　小説

5.

여자 : 어제 여자 친구랑 데이트는 재밌었어?
남자 : 아니, Ａ 재미있기는 무슨. 여자 친구와 싸웠어.
여자 : 싸우다니? 너희 사이좋잖아.

女性 : 昨日、彼女とのデートは楽しかった？
男性 : いや、Ａ 楽しいどころか、彼女とケンカしたんだ。
女性 : ケンカだなんて？　あなたたち、仲がいいじゃない。

① そうね…、私は今日ちょっと忙しいんだけど。

② 雰囲気の良いコーヒーショップはどう？

③ ケンカだなんて？　あなたたち、仲がいいじゃない。

④ 昨日、急に怒ってごめんね。

6.

남자 : 윤아 씨, 혹시 A 우리 회사에 중국어를 잘 하는 사람이 있나요?

여자 : 네, B 민철 씨가 중국에서 오래 살다 왔다고 들었어요.

남자 : 그럼 민철 씨 전화번호 좀 가르쳐 줄래요?

男性：ユナさん、もしかして、A うちの会社に中国語が得意な人はいますか？

女性：はい、B ミンチョルさんは中国に長く住んでいたと聞きました。

男性：それでは、ミンチョルさんの電話番号を教えてくれませんか？

① それでは、ミンチョルさんの電話番号を教えてくれませんか？

② ミンチョルさんは中国語だけでなく英語も得意です。

③ そうなんですか？　私もミンチョルさんととても仲がいいです。

④ 私も中国語は得意なので、ミンチョルさんを手伝ってあげなければなり
　ませんね。

7.

　여자 : 다음 학기 문화체험 신청이 내일부터인데, 민수 씨도 신청할 거지요?
　남자 : Ａ 문화체험이요? 저는 처음 듣는 내용인데요?
　여자 : 메일을 한번 확인해 보세요.

　女性 : 来学期の文化体験の申し込みが明日からなんですが、ミンスさんも申
　　　　し込みますよね？
　男性 : Ａ 文化体験ですか？　私は初めて聞く内容なんですが？
　女性 : メールを一度確認してみてください。

① 誰も知らないようです。
② メールを一度確認してみてください。
③ 聞いたことはありますが、よくわかりません。
④ 学校の事務室で申し込むことができます。

正解 ②

男性は Ａ で文化体験の話は初めて聞いたと言っているので、女性が④のよ
うに急に申し込み方法について言うのは不自然。女性の返答としては文化
体験に関する情報が書かれているメールのことを教える②が自然。

単語　□文化체험 文化体験　□신청하다 申請する（申し込む）

8.

　남자 : 요즘에 지영 씨가 계속 기운이 없어 보여요.
　여자 : 그러게요. Ａ 어제는 화장실에서 혼자 울고 있더라고요.
　남자 : 무슨 일이 있는지 한번 물어볼까요?

　男性 : 最近ジヨンさんはずっと元気がないみたいです。
　女性 : そうですよね。Ａ 昨日はトイレで一人泣いていましたよ。

男性：何があったのか、一度聞いてみましょうか？

① 私もとても悲しくて泣きました。
② ストレスが溜まったら、ちょっと休んでください。
③ 私もトイレで見ましたが、嬉しかったです。
④ 何があったのか、一度聞いてみましょうか？

※ [9-12] 次の会話をよく聞いて、後に続く女性の行動として適切なものを選びなさい。（各2点）

9.

남자: 와, 정말 조사할 내용이 너무 많다. 내일까지 할 수 있을까?
여자: 해야지. 모레가 발표인데, 늦어도 자료 조사는 내일까지 끝내야 해.
남자: 나도 알아. 그런데 민수는 왜 안 오지? 올 때가 됐는데.
여자: 그러게, A 내가 노트북으로 정리하고 있을게. B 한 번 전화해 볼래?

男性：わあ、本当に調査する内容が多すぎるね。明日までにできるかな？
女性：やるしかないでしょ。明後日が発表だから、遅くても資料調査は明日
　　　までに終わらせないといけないわ。
男性：ぼくもわかってるよ。ところで、ミンスはなんで来ないんだろう？
　　　そろそろ来てもいい頃だけど。
女性：そうよね。A 私はノートパソコンで整理しておくから、B 一度電話
　　　してみる？

① 発表をする。
② 資料を探す。
③ 資料を整理する。
④ 友達に電話をする。

正解 ③

二人は発表の準備をしている。女性は A でノートパソコンで（資料を）整
理すると言っているので、正解は③。 B で女性が男性にミンスに電話をす
るように提案しているので、④は男性がすることである。

単語 □조사하다 調査する　□정리하다 整理する

10.

여자: 오늘 두 시에 파마 예약을 했는데요.
남자: 네, 김민지 고객님이시죠? 먼저 오신 손님이 많아서 좀 기다리셔야
　　　합니다.
여자: 그럼, A 이 앞 가게에 좀 다녀와도 될까요?
남자: 네, 그러세요. 저희가 전화 드리겠습니다.

女性：今日2時にパーマの予約をしたんですけど。
男性：はい、キム・ミンジ様ですよね？ 先にいらしているお客様が多いの
　　　で、少しお待ちいただかなければなりません。
女性：それじゃ、 A 前のお店にちょっと行ってきてもいいですか？
男性：はい、そうなさってください。こちらからお電話いたします。

① パーマをかける。
② 近所の店に行く。
③ 電話で予約をする。
④ 客に電話をする。

11.

여자: 선생님, 전 다음에 뭘 입을까요?

남자: 그 노란 재킷은 벗고, 저쪽에 있는 원피스로 갈아입으세요.

여자: A 여기 이 파란색 원피스요?

남자: 그건 다른 모델 옷이에요. B 그 옆 좀 살펴볼래요?

女性：先生、私は次に何を着ましょうか？

男性：その黄色いジャケットは脱いで、あちらにあるワンピースに着替えて
　　　ください。

女性：A ここにあるこの青いワンピースですか？

男性：それは他のモデルさんの服です。B その隣をちょっと探してみても
　　　らえますか？

① 黄色のジャケットを着る。
② 青色のワンピースを着る。
③ 次に着る服を探す。
④ 他のモデルの服を用意する。

12.

남자: 누나, 내 가방 누나가 가져갔어?

여자: 아, 미안. 내가 이야기한다는 게 깜빡했다. 여기.

남자: 진짜 왜 그래? 한두 번도 아니고. Ａ가방에 있는 누나 물건도 다 꺼내.

여자: 아, 알았어. 지금 할게. 짜증 좀 내지 마.

男性：姉さん、ぼくのかばん、姉さんが持って行ったの？

女性：ああ、ごめん。言うのを忘れてたわ。はい、これ。

男性：なんだよ、まったく。一度や二度じゃないし。Ａかばんに入っている姉さんの物も全部出して。

女性：わかったわ。今やるわよ。そんなに怒らないでよ。

① かばんを借りる。

② かばんを探す。

③ かばんを空にする。

④ かばんを持ってくる。

正解③

女性は男性に言わず、無断で男性のかばんを使った。男性はＡで、腹を立てながら女性にかばんの中の物を出すように言っているので、正解は③。

単語 □깜빡하다 忘れる、うっかりする □꺼내다 取り出す
□짜증을 내다 イライラする □비우다 空にする

13.

　여자 : Ⓐ과장님은 안 피곤하세요? 주말에 등산하고 푹 쉬지 못해서 전 너
　　　　무 피곤해요.
　남자 : 그러게요, 오늘 출근하는데 힘들더라고요. Ⓑ뒤풀이는 가지 말 걸
　　　　그랬어요.
　여자 : Ⓒ회사 동료들과 친해지는 건 좋은데, 한 달에 한 번은 좀 무리예요.
　남자 : 음, 저도 그렇게 생각해요.

女性 : Ⓐ課長、お疲れではありませんか？ 週末に山登りをして、あまり休
　　　めなかったので、私はとても疲れました。
男性 : そうですね、今日出勤するのが大変でしたよ。Ⓑ打ち上げは行かな
　　　いほうがよかったです。
女性 : Ⓒ会社の同僚たちと親しくなれるのはいいんですが、月に1回はちょっ
　　　と無理です。
男性 : うん、私もそう思います。

① 女性は週末に友達と山登りをした。
② 女性は同僚と親しくしたいと思っている。
③ この会社では月に2回山登りをする。
④ 男性は山登りの後の打ち上げに出席しなかった。

正解 ②
① → Ⓐで、女性は男性を課長と呼んでいるので、二人は友達ではないと
　　わかる。
② → Ⓒで、女性は同僚と親しくなるのはいいと言っている。
③ → Ⓒで、山登りは月に1回と言っている。
④ → Ⓑから、男性も打ち上げに参加したことがわかる。

単語　□뒤풀이 打ち上げ

14.

여자: 고객 여러분들께 안내 말씀 드립니다. 쇼핑몰 사무실에서 아동을 보호하고 있습니다. <u>A 3층 남성복 매장 근처 화장실에서 부모님을 찾고 있던 5세 아동을 보호하고 있습니다.</u> <u>B 초록색 티셔츠와 청바지를 입고 있는 5세 남자 아이를 잃어버리신 부모님께서는 지금 즉시</u> <u>C 쇼핑몰 1층 사무실로 와 주시기 바랍니다.</u> 감사합니다.

女性: お客様にご案内申し上げます。ショッピングモールの事務所でお子様を保護しています。<u>A 3 階の紳士服売り場近くのトイレでご両親を探していた 5 歳のお子様を保護しています。</u><u>B 緑色の T シャツにジーンズを履いた 5 歳の男の子を見失われたご両親は、至急</u><u>C ショッピングモール 1 階の事務所までお越しください。</u>ありがとうございます。

① 子供は婦人服売り場の近くで発見された。
② 子供の両親は緑色の T シャツを着ている。
③ 子供は 5 歳の男の子で、ジーンズを履いていた。
④ 子供の両親は 3 階にあるショッピングモールの事務所に行かなければならない。

正解 ③

① → A によると、子供は紳士服売り場の近くで発見された。
② → B によると、緑色の T シャツを着ているのは子供である。
③ → B で、子供は 5 歳でジーンズを履いているとわかる。
④ → C によると、事務所は 1 階にある。

単語　□ 보호하다 保護する

15.

남자 : 다음은 지역 정보입니다. 올해 초 9월로 예정됐던 🅐시민 도서관의
　　　개관이, 지역 주민들의 적극적인 참여로 8월에 문을 열게 되었습니다.
　　　이번에 개관하는 시민 도서관은 총 5층 건물로, 1층에는 아이들을
　　　위한 어린이 도서관이 있고, 🅑2층과 3층에는 책을 빌려서 볼 수 있
　　　는 열람실이 있으며, 🅒4층은 시민들을 위한 여러 강좌가 열릴 강의
　　　실로 구성되어 있습니다. 특별히 🅓5층은 지역 청소년들을 위한 문
　　　화공간으로 사용될 예정이라고 합니다.

男性 : 次は地域情報です。今年初め9月に予定されていた🅐市民図書館の
　　　開館が、地域住民の積極的な関与により8月にオープンすることにな
　　　りました。今回開館する市民図書館は5階建ての建物で、1階には子
　　　供たちのための子ども図書館があり、🅑2階と3階には本を借りて
　　　読むことができる閲覧室、🅒4階は市民のためのさまざまな講座が開
　　　かれる講義室で構成されています。特に🅓5階は地域の青少年のため
　　　の文化空間として使われる予定とのことです。

① 市民図書館は9月に開館する予定である。
② 2階から4階までは閲覧室として使用される予定である。
③ 市民図書館ではさまざまな講座が開かれる予定である。
④ 図書館には青少年のための空間が別途設けられていない。

正解 ③

① → 🅐によると、市民図書館は8月に開館する。

② → 🅑によると、閲覧室は2階と3階である。

③ → 🅒から、さまざまな講座が開かれる予定だとわかる。

④ → 🅓によると、5階に青少年のための空間がある。

単語　□開館 開館　□積極的だ 積極的だ　□閲覧室 閲覧室
　　　□講座 講座　□따로 別途、他に

16.

남자: 인주시립박물관에서 하는 '차 한 잔 유물 한 점'이 요즘 큰 인기를 얻고 있다고 들었습니다.

여자: 네, A최근 여러 방송을 통해 역사에 대한 관심이 높아지며 각각의 유물들이 가지고 있는 가치와 의미를 깊게 알고자 하는 분들이 많아졌습니다. B그래서 매주 목요일 미리 신청해 주신 분들과 함께 차를 마시며, 전문가를 초청해 유물에 대해서 듣습니다. 이 시간에는 자유롭게 질문도 하실 수 있습니다. 더불어 많은 분들의 요청에 따라 다음 달부터는 C아이들을 위한 강좌도 준비하고 있습니다.

男性：インジュ市立博物館で行われている「お茶を一杯、遺物を一点」が最近大人気であると聞きました。

女性：はい、A最近さまざまな番組を通じて歴史に対する関心が高まり、それぞれの遺物が持っている価値と意味を深く知りたいという方が多くなりました。Bそれで、毎週木曜日、事前に申請してくださった方々と一緒にお茶を飲みながら、専門家を招いて遺物について（お話を）聞きます。この時間には自由に質問をすることもできます。さらに多くの方々の要望により、C来月からは子供たちのための講座も用意しています。

① 最近、歴史に対する関心が低くなっている。
② この博物館の講座は毎週金曜日に開かれる。
③ 講座に参加するためには、事前に申請しなければならない。
④ 博物館では子供のための講座も行われている。

正解 ③
① → A から、歴史に対する関心は高まっていることがわかる。
② → B によると、講座は毎週木曜日に開かれる。

③ → **B**で、講座は事前に申し込んだ人だけが聞くことができると言っている。

④ → **C**によると、子供たちのための講座は来月からである。

単語 □유물 遺物 □가치 価値 □초청하다 招く □요청 要請（要望）

※ ［17-20］次の音声を聞いて<u>男性</u>の中心となる考えを選びなさい。（各2点）

17.

여자: 여보, 옆집에도 서울에서 젊은 부부가 이사 왔어요.

남자: 또? 요즘 젊은 사람들이 많이 이사를 오네. **A**이런 시골에 뭐 할 게
　　　있다고……

여자: 왜, 어제 뉴스에서도 요즘 젊은 세대 중에는 한가한 교외에서 살고
　　　싶어하는 사람들이 많다잖아요.

남자: 그래도 **B**젊을 때는 도시에서 이런저런 도전도 해 봐야지. 벌써부터
　　　그저 편안하고 한가하게 살 생각만 해서 되겠어?

女性：あなた、お隣にもソウルから若い夫婦が引っ越してきたわよ。

男性：また？ 最近、若い人たちがたくさん引っ越してくるね。**A**こんな田
　　　舎で特にやることもないのに。

女性：ほら、だって、昨日のニュースでも最近の若い世代の中には閑静な郊
　　　外に住みたがっている人が多いって言ってたじゃない。

男性：それでも **B**若いときは都会であれこれ挑戦もしてみないと。 もう、
　　　ただ楽でのんびり暮らすことばかり考えていいのかね。

① 田舎の閑静な暮らしが持つ長所がある。

② 若者には挑戦的な姿勢が必要である。

③ 若い世代の多様な態度を尊重しなければならない。

④ 都会だけでなく田舎にも若者が必要である。

正解 ②

Ａで、男性は特にやることもない田舎に引っ越してきた若い夫婦が理解できない様子である。また、Ｂで、若いときにはいろんなことに挑戦してみなければならないと言っている。よって、正解は②。

単語 □교외 郊外 □그저 ただ

18.

> 남자 : 선생님, 아까 그 학생은 무슨 일로 그렇게 혼난 거예요? 쉬는 시간 내내 복도에서 혼이 나던데요.
>
> 여자 : 아니, 수업 시간 내내 휴대폰만 보고 있어서요. 수업은 하나도 안 듣고 계속 딴짓만 하더라니까요?
>
> 남자 : 그래요? 그런 학생이 아니었는데. 혹시 요즘 무슨 일이 있는지 물어보셨어요? 요즘 학생들이 생각보다 이런저런 고민이 많잖아요. 때로는 Ａ다그치는 것보다 대화가 낫더라고요.

男性 : 先生、さっきの学生はどうしてあんなに叱られたんですか？ 休み時間中ずっと廊下で叱られていましたが。

女性 : いや（それが）、授業中ずっと携帯電話ばかり見ていたからなんです。授業は全く聞かずにずっと他のことをしていたんですよ。

男性 : そうですか？ そんな学生ではなかったのですが。もしかして、最近何かあったのかお聞きになりましたか？ 最近の学生は思いのほかいろいろと悩みが多いじゃないですか。時には Ａ責めるよりも対話のほうがよいこともありますよ。

① 携帯電話は教育的ではない。
② 対話は重要な教育手段である。
③ 生徒を叱るのは良くない。
④ 時には適切なしつけが必要である。

19.

여자: 오래 기다렸는데, 생각보다 커피가 별로네.

남자: 그래? 난 사실 커피 맛은 잘 몰라서. 인터넷에 사진도 많이 올라오는 유명한 곳이라고 하던데, 많이 별로야?

여자: 뭐, 맛이 없는 건 아니지만 이렇게 기다려서 마실 정도는 아닌 것 같아. 그래도 좋다. 사진은 예쁘게 나오잖아.

남자: 그래. 여기 정말 예쁘다. Ａ꼭 커피 때문이 아니어도 와 볼 만한 곳이야. 이렇게 분위기가 좋은 것도 특별한 장점이니까.

女性：長い間待ったのに、思ったよりコーヒーがイマイチだね。

男性：そう？　ぼくは正直コーヒーの味はよくわからなくて。インターネットに写真もたくさんアップされている有名なところだと聞いたんだけど、そんなにひどい？

女性：まあ、まずいわけではないけど、こんなに待って飲むほどではないと思う。それでもいいわ。写真はきれいに撮れるから。

男性：そうだね。ここ本当にきれいだね。Ａコーヒーのためだけでなくても、来てみる価値があるところだよ。このように雰囲気が良いことも特別な長所だから。

① コーヒーショップ（カフェ）はコーヒーの味が最も大事である。

② インターネットの情報をすべて信じることはできない。

③ 良い思い出には写真が大事である。

④ コーヒーショップ（カフェ）の人気はさまざまな要因で決まる。

正解 ④

Aで男性はコーヒーの味以外にも、店の雰囲気がコーヒーショップの大事な長所になりうると言っている。よって、正解は④。

単語 □분위기 雰囲気 □장점 長所

20.

여자: 얼마 전 선생님께서 번역하신 작품이 이번 국제 영화제에서 큰 수상을 하게 되었는데요. 정말 축하드립니다. 이번 작업을 하시며 어떤 점에 가장 중점을 두셨나요?

남자: 외국 관객이 이해하기 어려운 한국의 특수한 상황을 적절하게 옮기는 것에 집중했습니다. 관객이 대사를 보며 그 안에 담긴 상징을 이해할 수 있어야 하니까요. 단순히 A그대로 번역하기보다는 대사에 숨겨진 의미를 전달하기 위해 노력했지요. 사실 감독님께서 저에게 부탁하신 것도 그런 부분이었고요. 그래서 B다른 무엇보다 관객이 영화의 숨은 의미를 알아차릴 수 있도록 번역하는 것에 집중했습니다.

女性：先日、先生が翻訳なさった作品が今回の国際映画祭で大きな賞を受賞することになりました。本当におめでとうございます。今回の作業をされながら、どんなところに最も重点を置かれましたか。

男性：外国の観客が理解することが難しい韓国の特殊な状況をうまく訳すことに集中しました。観客がセリフを読みながら、その中に込められている象徴を理解できなければならないからです。単純にAそのまま翻訳するよりはセリフに隠されている意味を伝えるために努力しました。実は監督が私に頼んだのもそういう部分でした。それで、B何よりも観客が映画の隠れた意味に気づくことができるように翻訳することに集中しました。

① 翻訳は観客の映画への理解を助けないといけない。
② 翻訳は映画で非常に重要な役割をしている。
③ 翻訳するときは、韓国の特殊性を表さなければならない。
④ 翻訳はセリフをそのまま訳すことが重要だ。

正解 ①

🅰と🅱で男性はセリフをそのまま訳さずに隠されている意味を伝え、観客が理解できるように翻訳したと言っている。よって、正解は①。

単語　□수상 受賞　□중점 重点　□특수하다 特殊だ　□대사 セリフ
　　　□상징 象徴　□특수성 特殊性　□드러내다 表す　□옮기다 訳す

※ [21-22] 次の音声を聞いて問いに答えなさい。(各2点)

여자 : 이번 특강 때 🅰요즘 인기 있는 개인 방송 제작자들을 초청하면 어떨까요? 관심 있는 학생들이 많은 것 같은데요.

남자 : 글쎄요. 사실 인기가 있다뿐이지 검증되지 않은 사람들이잖아요. 최근에는 이런저런 문제가 있는 사람도 많았고요. 🅱교육적일지 잘 모르겠네요.

여자 : 뭐 그렇긴 한데, 그래도 학생들이 재미있어할 주제로 준비하고 싶어서요. 🅲지난번 강의는 다들 지루하다고 했어요. 강의 후에 평가가 아주 나빴다고요.

남자 : 좀 더 찾아보죠. 분명 학생들이 흥미를 느끼면서도 교육적인 그런 주제가 있을 거예요. 이전에 강의하셨던 분 중에 평가가 좋았던 분들을 중심으로 찾아봅시다.

女性 : 今度の特別講義のとき、🅰最近人気のある個人放送の制作者を招待してはどうでしょうか? 関心のある学生が多いと思いますが。

男性 : どうでしょう。正直なところ、人気があるだけで、検証されていない人たちではないでしょうか。最近はあれこれ問題がある人も多かったですし。🅱教育的かどうかよくわかりませんね。

女性：まあ、そうかもしれませんが、それでも学生が興味を持ちそうなテー
　　　マで準備をしたいんです。C 前回の講義はみんな退屈だったと言っ
　　　てました。講義の後、評価がとても悪かったんですよ。

男性：もう少し探してみましょう。きっと学生たちが興味を感じながらも教
　　　育的、そんなテーマがあるはずです。以前講義されていた方の中から
　　　評価が良かった方を中心に探してみましょう。

21. 男性の中心となる考えとして適切なものを選びなさい。
① 講義のテーマの選択は学生がしなければならない。
② 講義のテーマは教育的効果がなければならない。
③ 講義のテーマは最近の流行を反映しなければならない。
④ 学生のための多様な講義が準備されていなければならない。

正解 ②

今人気のある人を招待しようという女性の提案に、男性は B で教育的では
ないという理由で同意していない。また、教育的なテーマを探してみよう
と最後にもう一度言っていることから、正解は②。

22. 聞いた内容として正しいものを選びなさい。
① 最近、個人放送に対する関心が低くなっている。
② 前回の講義は学生たちから良い評価を受けた。
③ ここでは講義の後、学生たちから講義の評価を受ける。
④ 次の講義には個人放送の制作者が招待される予定である。

正解 ③

① → A で、最近個人放送に対する関心が高いと言っている。
② → C で、前回の講義は良くない評価を受けたと言っている。
③ → C から、ここでは講義の後に学生たちが評価をしていることがわか
　　　る。

④ → **B**から、男性は個人放送の制作者の招待に同意していないことがわかる。

単語 □**개인 방송** 個人放送 □**제작자** 制作者 □**검증** 検証
　　 □**평가** 評価

※ [23-24] 次の音声を聞いて問いに答えなさい。(各2点)

남자: 거기 인주 호텔이지요? 호텔 내에 회의실 때문에 연락을 드렸는데요.
여자: 네, 고객님. 회의실 예약은 저희 사이트에서만 가능하신데요. 확인
　　 해 보셨나요?
남자: 네, **A**인터넷으로 15인실을 예약했는데요, 회의실 내 시설에 대해서
　　 정확히 알고 싶어서요. 아, 그리고 회의실에서 음식을 먹을 수 있는
　　 지도 확인하고 싶고요.
여자: 기본적으로 10인실 이상부터는 빔 프로젝터와 마이크가 설치되어
　　 있습니다만, **B**노트북은 따로 가지고 오셔야 합니다. **C**회의실 내
　　 식사는 안 되지만 음료를 비롯한 간단한 다과는 드실 수 있습니다.

男性：そちらはインジュホテルですよね？　ホテルの会議室のことでご連絡
　　　しました。
女性：はい、お客様。会議室の予約は私どものサイトでのみ可能ですが。ご
　　　確認いただけましたでしょうか。
男性：はい、**A**インターネットで 15 人用の会議室を予約したのですが、会
　　　議室内の施設について正確に知りたいです。ああ、それに、会議室で
　　　飲食が可能かどうかも確認したいです。
女性：基本的に 10 人用以上からはプロジェクターとマイクが設置されてい
　　　ますが、**B**ノートパソコンは別途お持ち込みいただく必要がござい
　　　ます。**C**会議室内でお食事はできませんが、飲み物をはじめとした
　　　簡単な軽食はお召し上がりいただけます。

23. 男性が何をしているのか選びなさい。
① 会議室を予約している。
② 会議の場所を探している。
③ 会議の場所を変更している。
④ 会議室について尋ねている。

24. 聞いた内容として正しいものを選びなさい。
① 男性は10人用の会議室を予約した。
② このホテルには10人用の会議室だけがある。
③ ノートパソコンを使いたければ持参しないといけない。
④ この会議室は食事をしながら会議をすることができる。

※ [25-26] 次の音声を聞いて問いに答えなさい。（各2点）

여자: '살림하는 남자'라는 선생님의 새 책이 최근 큰 화제가 되고 있습니다.
　　 A회사를 그만두고 B주부로서의 자신의 삶과 느낀 점을 진솔하게
　　 담아주셨는데요. 이런 인기의 비결은 무엇이라고 생각하십니까?

남자 : 사실 저도 이 책이 이렇게 큰 사랑을 받을지는 몰랐습니다. 그저 전
        에는 알 수 없었지만 직접 해 보고 깨닫게 된 것들을 함께 나누고 싶
        었습니다. C 원래 저는 집안일과 육아는 여자의 일이고, 회사 일에
        비하면 아주 쉽다고 생각했습니다. D 하지만 직접 해 보니 얼마나
        힘든 일인지 알게 되었습니다. 그리고 그렇기 때문에 부부가 함께 협
        력하는 것이 얼마나 중요한지를 책을 통하여 이야기하고 싶었습니다.

女性：「家事をする男性」という先生の新しい本が最近大きな話題になって
       います。A 会社を辞めて B 主夫としての自分の人生と感じたことを
       ありのまま書いてくださいましたが、このような人気の秘訣は何だと
       思われますか？

男性：実際、私もこの本がこれほど大きな愛をいただく（多くの方に受け入
       れられる）とは思ってもいませんでした。ただ以前はわかりませんで
       したが、自分でやってみて気づいたことを皆様と一緒に分かち合いた
       かったんです。C もともと私は家事と育児は女性の仕事で、会社の
       仕事に比べるととても簡単だと思っていました。D しかし、自分で
       やってみると、どれだけ大変な仕事であるかがわかりました。そして、
       だからこそ夫婦が一緒に協力することがどれほど重要かについて本を
       通じて話したかったんです。

25. 男性の中心となる考えとして適切なものを選びなさい。
① 会社の仕事より家庭のことが大事である。
② 家庭内で夫婦が互いに助け合わなければならない。
③ 家庭内で女性がしなければならないことがある。
④ 家庭内で女性がやりにくいことがある。

正解 ②
男性は、夫婦が一緒に協力することが重要だと言っているので、正解は②。
③は男性の昔の考え方なので誤り。

26. 聞いた内容として正しいものを選びなさい。

① 今、男性は会社に勤めている。

② 男性が書いた「家事をする男性」は小説である。

③ 思ったより家事と育児は大変ではない。

④ 男性は家事を女性の仕事だと思っていた。

正解 ④

① → **A**で、男性は会社を辞めたと言っている。

② → **B**から、この本は小説ではなく男性の実話だということがわかる。

③ → **D**で、男性は家事と育児が大変だと言っている。

④ → **C**で、男性は、家事は女性の仕事だと思っていたと言っている。

単語 □살림하다 家事をする □화제 話題

　　　□진솔하다 正直で飾り気がない □비결 秘訣

　　　□깨닫다 悟る □육아 育児 □협력하다 協力する

※ [27-28] 次の音声を聞いて問いに答えなさい。（各2点）

남자: 자 이제 천천히 주차만 하면 돼. **A**어때? 나 운전 잘하지?

여자: 그러게. 많이 익숙해졌네. **B**하지만 아직은 면허를 딴지 며칠 안 됐으니까 연습을 더 해야 할 것 같아. 아까 도로에서도 중간중간 조금 위험했잖아.

남자: 다들 그렇게 실수하면서 배우는 거지. **C**내 친구도 일주일 연습하고 운전면허를 따서 혼자 잘 다녀. 지난주에 경주까지 갔다왔대. 나도 다음 주에 혼자 가 보려고. 운전은 자신감이 중요한 것 같아.

여자: **D**부모님께 여쭤봤어? 네 차도 아닌데 그래도 돼? 그리고 당분간은 멀리 가지 말고 동네에서 더 연습을 하는 게 좋을 것 같은데. 잘못하면 큰 사고가 날 수도 있다고. 너는 운전을 너무 쉽게 생각하는 것 같아.

男性：じゃ、あとは、ゆっくり駐車するだけだ。どう？ A ぼく、運転上手
　　　でしょ？
女性：そうね。だいぶ慣れてきたわね。 B でも、まだ免許を取ってあまり
　　　日が経っていないからもっと練習しなければならないと思うわ。さっ
　　　き、道路でもところどころ少し危なかったじゃない。
男性：みんなそうやってミスしながら学ぶものだよ。 C ぼくの友達も1週
　　　間練習して運転免許を取って、一人でよく運転しているよ。先週は慶
　　　州まで行ってきたんだって。ぼくも来週一人で行ってみようと思って
　　　るんだ。運転は自信を持つことが大事だと思う。
女性：D 両親に聞いてみたの？ あなたの車でもないのに、そんなことして
　　　いいの？ それに、当分の間は遠くに行かずに、町内でもっと練習し
　　　たほうがいいと思うんだけど。下手をすると大きな事故になるかもし
　　　れないわよ。あなたは運転をあまりにも簡単に考えているみたい。

27. 女性が男性に話す意図を選びなさい。
① 運転免許教習所を宣伝するため
② 十分な運転の練習を勧めるため
③ 運転免許の必要性を知らせるため
④ 運転において自信を持つことの重要性を知らせるため

正解②
女性は男性にもう少し運転の練習をしたほうがよいと言って練習を勧めて
いるので、正解は②。④は男性の考え方なので誤り。

28. 聞いた内容として正しいものを選びなさい。
① 女性は運転を練習している。
② 男性はずっと前に免許を取った。
③ 男性は自分の車で運転をしている。
④ 男性の友達は最近慶州に行ってきた。

正解 ④

① → A から、運転の練習をしているのは男性である。
② → B から、男性は免許を取ったばかりだとわかる。
③ → D から、男性の車ではなく両親の車だとわかる。
④ → C から、男性の友達が慶州に行ってきたことがわかる。

単語 □(운전)면허 (運転)免許 □따다 取る □당분간 当分の間

※ [29-30] 次の音声を聞いて問いに答えなさい。（各2点）

여자 : 보통 어떤 아이들이 선생님을 많이 찾아오나요?
남자 : A예전에는 정신적으로나 심리적으로 큰 문제를 가진 아이들이 주로 치료를 목적으로 찾아왔습니다. 하지만 B요즘에는 심리 상담에 대한 생각이 많이 달라졌습니다. 꼭 심각한 문제가 없어도 다양한 도움을 받고자 저를 만나러 옵니다.
여자 : 그렇군요. 그럼 상담은 어떤 활동으로 이루어지나요?
남자 : 성인과 달리 아동 상담은 아이들이 좋아하는 활동으로 진행합니다. 함께 그림을 그리기도 하고요. 때로는 요리사가 되어 아이들과 음식을 만들기도 합니다. C각 아동에 맞는 다양한 활동을 하면서 이야기를 나누지요.

女性 : 普通どんな子供たちが先生のところを多く訪ねてきますか？
男性 : A以前は、精神的にも心理的にも大きな問題を持つ子供たちが主に治療目的で訪れていました。しかし、B最近は心理相談に対する考え方が大きく変わりました。必ずしも深刻な問題がなくても、さまざまな助けを求めて私に会いに来られます。
女性 : そうなんですね。では、相談はどのような活動を通して行われますか？
男性 : 大人とは違って、児童相談は子供たちが好きな活動で行います。一緒に絵を描いたりもします。ときにはシェフになって子供たちと料理を

115

作ることもあります。 C それぞれの児童に合ったさまざまな活動を
行いながら話をします。

29. 男性は誰なのか正しいものを選びなさい。
① 子供たちを教える人
② 子供たちと相談する人（子供たちの相談に乗る人）
③ 子供たちと料理を作る人
④ 子供たちと絵を描く人

正解 ②
男性は心理的な問題がある子供たちに会って、子供のための心理相談をし
ていると言っているので、正解は②。

30. 聞いた内容として正しいものを選びなさい。
① 以前は男性を訪ねる子供たちがいなかった。
② 男性は趣味で絵を描き、料理をする。
③ 男性は最近、大きな問題を抱えた子供たちにだけ会っている。
④ 男性は子供たちとさまざまな活動をしながら話をしている。

正解 ④
① → A から、以前にも男性を訪ねてくる子供たちがいたことがわかる。
② → C から、趣味ではなく、子供たちの相談のためにしている活動であ
るとわかる。
③ → B から、最近は大きな問題のない子供たちにも会っていることがわ
かる。
④ → C から、男性は子供たちに合ったさまざまな活動をしていることが
わかる。

単語 □정신적 精神的 □심리적 心理的 □심각하다 深刻だ

116

※ [31-32] 次の音声を聞いて問いに答えなさい。（各2点）

남자: 요즘 몇몇 식당에서 아이들의 입장을 거부하는 노키즈존이 등장하고 있는데요, A이러한 태도는 굉장히 이기적이라고 생각합니다. 우리 모두 아이였을 때가 있지 않았습니까?

여자: 글쎄요. 저는 이해가 되는데요. 모처럼 비싼 식당에서 기분 좋게 식사를 하고 싶은데 옆자리의 시끄러운 아이들 때문에 그럴 수 없다면 어떠시겠어요?

남자: 물론 불편하고 기분이 나쁘겠지만, 그건 부모가 조심해야 할 문제이지 아이들의 입장을 막을 문제는 아니라고 봅니다. 게다가 가장 큰 문제는 B아이들은 이 나라의 미래인데 먼저 차별을 가르치는 게 아닐까 우려됩니다.

男性：最近、いくつかのレストランで子供たちの入店を拒否する「ノーキッズゾーン」が登場していますが、Aこのような態度は非常に利己的だと思います。私たちは皆、子供の時期があったではありませんか。

女性：どうでしょう。私は理解できますね。せっかく高いレストランで気分よく食事をしたいのに、隣の席のうるさい子供たちのせいでそれができなくなったらどう思われますか。

男性：もちろん居心地が悪いですし、不愉快でしょうが、それは親が気をつけなければならない問題であって、子供たちの入店を阻む問題ではないと思います。それに、一番大きな問題は、B子供たちはこの国の未来であるのに、まず差別を教えてしまうのではないかと懸念されます。

31. 男性の考えとして適切なものを選びなさい。
① 「ノーキッズゾーン」は、教育的に良い制度ではない。
② 「ノーキッズゾーン」は、多くの人にとって合理的な制度である。
③ 「ノーキッズゾーン」は、子供がいる家族のための制度である。
④ 「ノーキッズゾーン」は、レストランの収益を高めるための制度である。

Ａ と Ｂ で、男性はこの制度が利己的で子供たちに差別を教えてしまうことになると言っているので正解は①。

32. 男性の態度として適切なものを選びなさい。
① 新しい制度の施行を促している。
② 新しい制度の必要性を説明している。
③ 新しい制度の問題点を批判している。
④ 新しい制度の合理性に共感している。

男性は Ａ と Ｂ を通じて制度の問題点について話しているので、正解は③。

単語　□**노키즈존** ノーキッズゾーン（飲食店などで子供の入店を禁止すること）　□**이기적이다** 利己的だ　□**모처럼** せっかく　□**차별** 差別
　　　□**우려되다** 憂慮する

※［33-34］次の音声を聞いて問いに答えなさい。（各2点）

여자: 잘 알려진 것과 같이 Ａ조선 초기에는 시장이 지금 같이 많지도, 크
　　지도 않았습니다. 더욱이 Ｂ화폐가 보편적으로 사용되지도 않았지요.
　　그렇다면 조선 시대의 사람들은 필요한 물건을 어떻게 구하며, 어떻
　　게 경제 활동을 했을까요? 당시의 사람들은 상업을 농업에 비하여
　　뒤떨어지는 것으로 보았습니다. 그래서 돈을 주고 물건을 사는 것이
　　아니라 주변 사람들과 필요한 물건을 나누는 형태로 경제 활동을 했
　　습니다. 이것을 '선물 경제'라고 부르지요. 이러한 모습은 여러 기록
　　에서 확인할 수 있습니다. 한 양반의 일기에는 1년 동안 약 400번의
　　선물을 주고, 또 그만큼 선물을 받았다고 나옵니다. Ｃ하지만 조선

後記が되며 이러한 형태가 점차 사라지고 현대와 유사한 시장이 등
장하기 시작합니다.

女性：よく知られているように、Ａ朝鮮初期には市場が今のように多くも、
大きくもありませんでした。そのうえ、Ｂ貨幣が一般的に使用され
ることもありませんでした。では、朝鮮時代の人々は必要な物をどの
ように求め、どのように経済活動をしていたのでしょうか。当時の
人々は、商業を農業と比べて劣ったものとみなしていました。そのた
め、お金を払って物を買うのではなく、周りの人たちと必要な物を分
け合うという形態で経済活動をしていました。これを「贈与経済」と
呼びます。このような様子は、複数の記録で確認できます。ある両班
の日記には１年間で約400回の贈り物を贈与し、またその分の贈り
物をもらったと書かれてます。Ｃしかし、朝鮮後期に入ると、この
ような形態が次第に消え、現代と類似した市場が登場し始めます。

33. 何に関する内容であるか正しいものを選びなさい。
① 朝鮮時代の諸記録
② 朝鮮時代の多様な貨幣
③ 朝鮮時代の贈り物の選び方
④ 朝鮮時代の経済活動の変化

正解 ④
女性は朝鮮初期の「贈与経済」について述べていて、Ｃで朝鮮後期にはこ
れが変化したと言っている。よって、正解は④。

34. 聞いた内容として正しいものを選びなさい。
① 朝鮮初期には市場が発達しなかった。
② 貨幣は朝鮮初期にも多く使われていた。
③ 「贈与経済」は朝鮮後期に登場した。
④ 朝鮮後期にも市場は現れなかった。

① → Ａで、朝鮮初期には市場が多くなかったと言っている。

② → Ｂで、貨幣はあまり使われていなかったと言っている。

③ → Ｃで、朝鮮後期にはこのような形態（＝贈与経済）が消えたと言っている。

④ → Ｃで、朝鮮後期には市場が現れたと言っている。

単語 □초기 初期 □화폐 貨幣 □보편적 普遍的 □상업 商業
　　 □농업 農業 □뒤떨어지다 劣る □후기 後期 □형태 形態
　　 □유사하다 類似する □등장하다 登場する

※ [35-36] 次の音声を聞いて問いに答えなさい。（各2点）

남자: 먼저 저에게 이 상을 주신 여러분께 감사를 드립니다. Ａ그동안 여러 상을 받았지만, 이 상은 저에게 특히 더 의미가 있습니다. Ｂ5년 전 수상 이후, 참 오랜 시간 슬럼프로 고생했습니다. 이 드라마도 사랑을 받지 못한다면 더는 드라마를 쓰지 않을 생각이었습니다. 정말 최선을 다했습니다. 자연스러운 글을 쓰기 위해 길에서 많은 사람을 관찰하며 연구했습니다. 처음 드라마를 시작하던 마음으로 대사 한 줄, 한 줄을 썼습니다. 지금 많은 분들이 떠오르는데요. 함께 고생해 주신 감독님, 대사에 생명을 넣어 연기하신 배우분들과 이 기쁨을 함께 나누고 싶습니다. Ｃ그리고 누구보다도 저의 긴 슬럼프를 함께 견디고 응원해 준 아내에게 정말 감사합니다.

男性：まず、私にこの賞をくださった皆さんに感謝いたします。Ａこれまでいろいろな賞をいただいてきましたが、この賞は私にとって特に意味があります。Ｂ5年前の受賞以来、本当に長い間スランプに苦しんでいました。このドラマも愛されなければ（受け入れられなければ）、もうドラマを書かないつもりでした。本当に最善を尽くしました。自然な文章を書くために、通りで多くの人を観察しながら研究しました。

初めてドラマを書き始めたときの気持ちでセリフ一行、一行を書きました。今、たくさんの方々が頭に思い浮かびます。一緒に苦労してくださった監督、セリフに命を吹き込んで演じてくださった俳優の方々とこの喜びを分かち合いたいです。C そして、誰よりも私の長いスランプを一緒に耐え、応援してくれた妻に本当に感謝します。

35. 男性は何をしているのか正しいものを選びなさい。
① 最近のドラマを評価している。
② 賞を受け、受賞の感想を話している。
③ ドラマのセリフの重要性を強調している。
④ スランプを克服する方法を説明している。

正解 ②
男性は受賞したことに感謝を述べているので、正解は②。

36. 聞いた内容として正しいものを選びなさい。
① 男性は初めて賞をもらう。
② 男性のすべての作品は成功した。
③ このドラマは男性の初めての作品である。
④ 男性は家族に感謝している。

正解 ④
① → A から、男性は前にも賞をもらったことがわかる。
② → B で、男性は「このドラマも愛されなければ」と言っているので、すべての作品が成功したわけではないとわかる。
③ → B から、このドラマは男性の初めての作品ではないことがわかる。
④ → C で、男性は妻に感謝の言葉を述べている。

※ [37-38] 次は（テレビの）教養番組です。よく聞いて問いに答えなさい。
　　　（各2点）

남자: 박사님, A 우리나라에서도 최근 배양육에 대한 몇몇 연구가 등장했
　　　는데요. 정확히 배양육이 무엇이죠? 그리고 배양육이 갖는 특징은
　　　무엇인가요?
여자: 배양육이란, 직접 동물을 키우지 않고 동물의 세포만 키워서 만든 고
　　　기입니다. 그 맛은 일반 고기와 거의 다르지 않습니다. 하지만 B 배
　　　양육은 기존에 가축을 기르며 생기는 여러 오염 물질을 생산하지 않
　　　기 때문에 매우 환경친화적입니다. 또한 C 배양육은 고기를 얻기 위
　　　해서 동물을 죽여야 한다는 윤리적인 부담도 없습니다. 더욱이 지구
　　　의 인구 중 8억 명 이상은 여전히 배불리 먹지 못한다고 하는데, 배
　　　양육 기술이 더 발전한다면 이러한 문제도 해결할 수 있을 것으로 보
　　　입니다. D 배양육이 낯설게 느껴지실지 모르지만 이러한 이유 때문
　　　에 배양육에 대한 연구자들의 관심은 더욱 커질 것으로 보입니다.

男性：博士、A 韓国でも最近培養肉に関するいくつかの研究が登場しまし
　　　たが、正確に培養肉とは何でしょうか。そして培養肉の持つ特徴は何
　　　でしょうか。
女性：培養肉とは、動物そのものを育てずに動物の細胞だけを育てて作った
　　　肉です。その味は普通の肉とほとんど変わりません。しかし、B 培
　　　養肉は従来家畜を育てることで生じるさまざまな汚染物質を生産しな
　　　いため、非常に環境に優しいです。また、C 培養肉は肉を得るため
　　　に動物を殺さなければならないという倫理的な負担もありません。さ
　　　らに、地球の人口のうち8億人以上は依然として十分に食べられない
　　　状態だと言われていますが、培養肉技術がさらに発展すれば、このよ

うな問題も解決できると思われます。 D 培養肉はなじみのないもの
かもしれませんが、このような理由から培養肉に関する研究者の関心
はさらに高まると思われます。

37. 女性の中心となる考えを選びなさい。
① 培養肉はまだ遠い未来の技術である。
② 培養肉のさまざまな問題点に注意しなければならない。
③ 培養肉の長所と短所を考慮しなければならない。
④ 今後、培養肉に関する研究が増加する見込みである。

正解 ④

女性は、研究者が培養肉にもっと関心を持つだろうと言っているので、正
解は④。

38. 聞いた内容と一致するものを選びなさい。
① 国内では培養肉を研究していない。
② 培養肉は動物を殺さないと得られない。
③ 培養肉の技術は環境保護に役立つ。
④ 人々は培養肉の技術についてよく知っている。

正解 ③

① → A で、国内でも培養肉を研究していることがわかる。
② → C から、動物を殺さなくてもよいとわかる。
③ → B で、培養肉は環境に優しいと言っている。
④ → D から、人々にとって培養肉はなじみのないものだとわかる。

単語　□배양육 培養肉　□특징 特徴　□세포 細胞　□키우다 育てる
　　　□가축 家畜　□기르다 育てる　□환경친화적 環境に優しい
　　　□윤리적 倫理的　□부담 負担　□낯설다 不慣れだ

여자 : 네, 이야기를 들어보니 한 번의 시험으로 대학이 결정되기 때문에 많은 학생들이 큰 스트레스를 받는 것 같네요. 그렇다면 교수님, 한 번이 아닌 여러 번의 시험으로 대학을 결정하는 것, 현실적으로 가능한 방법입니까?

남자 : 네, 사실 현재와 같은 시험 제도가 정착되기 전인 🅐 1993년에는 8월과 11월 두 차례에 걸쳐 시험을 보기도 했습니다. 이런 경우 학생들은 두 시험 중 성적이 더 좋은 것을 선택할 수 있다는 장점이 있습니다. 하지만 각각의 시험 난이도를 맞추기가 쉽지 않다는 문제점도 있지요. 그렇기 때문에 🅑 대학에서는 학생들을 공평하게 평가하기 위해서 기존에는 없던 대학 자체 시험을 만들 수도 있습니다. 저희 위원회에서는 여러 가지 의견을 종합하여 가장 적절한 방안을 만들고자 노력하고 있습니다. 🅒 현재까지는 구체적으로 결정된 것이 아무것도 없습니다.

女性 : はい、お話を聞いてみると一度の試験で大学が決まるので、多くの学生が大きなストレスを受けているようですね。それなら教授、一度ではなく複数回の試験で大学を決めることは、現実的に可能な方法でしょうか。

男性 : そうですね、実は現在のような試験制度が定着する前の🅐1993年には8月と11月の2回にわたって試験を受けたこともあります。このような場合、学生は2回の試験のうち成績がより良いほうを選べるというメリットがあります。しかし、それぞれの試験の難易度を合わせるのが容易ではないという問題点もあります。そのため、🅑大学では学生を公平に評価するために、従来にはなかった大学独自の試験を作ることもあります。我々の委員会では、さまざまな意見を総合して、最も適切な方策を作ろうと努力しています。🅒現在までは具体的に決定されていることは何もありません。

39. この談話の前にくる内容として適切なものを選びなさい。

① 最近、学生たちの大学進学率が減少している。

② 大学進学試験の公正さが問題となっている。

③ 学生たちの現在の試験制度に対する反対が強い。

④ 学生たちは大学進学のストレスを過度に受けている。

正解 ④

女性の話から、学生たちが大学進学試験を受ける際に、ストレスをたくさん受けているという話をしていることがわかるので、正解は④。

40. 聞いた内容と一致するものを選びなさい。

① 1993年には試験を受けずに大学に行った。

② 以前、（学生たちは）大学進学試験を複数回受けたことがある。

③ 大学では独自の試験をさらに難しくしている。

④ 委員会では具体的にさまざまなことを決定した。

正解 ②

① → Ａ から、1993年にも試験があったことがわかる。

② → Ａ から、1993年には試験を2度受けたことがわかる。

③ → Ｂ で、大学独自の試験を作ることもあると言っているが、難しくしたとは言っていない。

④ → Ｃ で、委員会で決定されたことはないと言っている。

単語　□현실적 現実的　□정착되다 定着する　□난이도 難易度
　　　□공평하다 公平だ　□평가하다 評価する　□기존 既存（従来）
　　　□자체 独自　□위원회 委員会　□종합하다 総合する
　　　□구체적 具体的　□공정성 公正さ

※ [41~42] 次は講演です。よく聞いて問いに答えなさい。(各2点)

여자 : 다른 기상 현상과는 달리 각각의 태풍에는 이름이 있습니다. Ａ이는 태풍은 생애가 길기 때문에 그렇습니다. Ｂ여러 개의 태풍이 동시에 나타나게 되면 예보를 하는 것이 혼란스러워지니 각각의 이름을 부르는 것이지요. 한반도를 지나가는 아시아 지역 태풍의 이름은 2000년부터 아시아 태풍위원회에서 결정합니다. Ｃ14개 회원국에서 각각 10개의 이름을 제출받아 순서대로 사용하고 있습니다. 대부분은 개미, 장미, 독수리와 같이 동물이나 자연에서 가져온 이름입니다. 1번부터 140번의 이름을 모두 다 사용한 후에는 다시 처음의 이름으로 돌아가게 됩니다. 하지만 Ｄ태풍이 심각한 피해를 준 경우에는 심의를 거쳐 이름을 변경할 수 있는데, 대표적으로 2003년에 큰 피해를 준 '매미'는 '무지개'로 변경되었습니다.

女性 : 他の気象現象とは異なり、それぞれの台風には名前があります。Ａこれは台風は生涯が長いためです。Ｂ複数の台風が同時に現れると予報をするのに混乱してしまうので、それぞれの名前を呼ぶのです。韓半島（朝鮮半島）を通るアジア地域の台風の名前は2000年からアジア台風委員会で決定します。Ｃ14の加盟国から各10個の名前を提出してもらい、順番に使用しています。ほとんどはケミ（アリ）、チャンミ（バラ）、トクスリ（ワシ）などのように動物や自然からとってきた名前です。1番から140番の名前をすべて使った後は、また最初の名前に戻ります。しかし、Ｄ台風が深刻な被害を与えた場合は、審議を経て名前を変更することができますが、代表的なものとして、2003年に大きな被害を与えた「メミ（セミ）」は「ムジゲ（虹)」に変更されました。

41. この講演の中心となる内容として正しいものを選びなさい。

① 台風の名前が決まる規則がある。

② 台風の生涯に関する研究が始まった。

③ 台風による深刻な被害が予想される。

④ 台風に対する総合的な備えが必要である。

42. 聞いた内容と一致するものを選びなさい。

① 台風は比較的その生涯が短い。

② 一度に複数の台風が来ることもある。

③ 台風の名前は委員会の専門家がつける。

④ 加盟国が提出した名前は変更されない。

※ [43-44] 次はドキュメンタリーです。よく聞いて問いに答えなさい。

（各2点）

남자: A염색체의 각 부분에는 생명 활동과 관련된 많은 정보들이 응축되
어 담겨 있다. 따라서 염색체의 한 부분이라도 손상된다면 세포에는
치명적인 결함이 생길 수도 있다. 하지만 염색체의 끝 부분은 좀 다

るだ. 이 부분은 특별한 정보가 없이 반복되는 염기 서열로 이루어져 있는데, 동일한 정보를 가진 염색체라도 그 길이가 다를 수 있다. 바로 이 부분이 텔로미어다. 텔로미어는 세포가 분열할 때 염색체를 보호하는 역할을 하는데, 여러 번의 분열이 반복될수록 그 길이가 짧아진다. 일반적으로 나이가 많은 세포는 여러 번의 분열로 인하여 텔로미어의 길이가 짧다. 이 때문에 생물학계에서는 최근 텔로미어와 노화 사이의 관계를 주목하고 있다. 텔로미어의 길이를 연장할 수 있다면 우리는 다시 젊어질 수 있을지 모른다.

男性：A 染色体の各部分には生命活動と関連した多くの情報が凝縮されて盛り込まれている。したがって、染色体の一部でも損傷すれば、細胞には致命的な欠陥が生じることがある。しかし、染色体の先端部分は少し違う。この部分は特別な情報なしに繰り返される*塩基序列でできているが、同じ情報を持っている染色体だとしても、その長さは異なることがある。まさにこの部分がテロメアである。テロメアは細胞が分裂する際、染色体を保護する役割をするが、分裂が繰り返されるほどその長さが短くなる。一般的に年齢の高い細胞は、数回の分裂によりテロメアの長さが短い。このため、生物学界では最近、テロメアと老化の関係に注目している。テロメアの長さを伸ばすことができれば、私たちはもう一度若くなれるかもしれない。

*塩基序列：遺伝形質を構成する塩基の序列。

43. この話の中心となる内容として正しいものを選びなさい。
① 染色体には多様な情報が含まれている。
② テロメアは細胞の老化と関連がある。
③ テロメアには生物の情報が盛り込まれている。
④ 染色体の各部分にはそれぞれ異なる機能がある。

このドキュメンタリーは、染色体のテロメアについて紹介しており、老化した細胞ほどテロメアが短くなるので、テロメアと老化との関係が注目されていると言っている。よって、正解は②。

44. 染色体が損傷すると細胞に問題が生じる理由を選びなさい。

① テロメアが短くなるため

② 細胞の年齢が高くなるため

③ 染色体を保護することができないため

④ 染色体に盛り込まれている情報が損傷するため

🅐で、染色体には生命活動情報が盛り込まれており、損傷すると細胞に致命的な欠陥（＝大きな問題）が生じると説明している。したがって、正解は④。

単語　□염색체 染色体　□응축되다 凝縮される　□손상되다 損傷する
　　　□치명적 致命的　□결함 欠陥　□염기 서열 塩基配列
　　　□분열 分裂　□주목하다 注目する　□연장하다 延長する

※［45-46］次は講演です。よく聞いて問いに答えなさい。（各2点）

　女子：현재는 이 땅에서 호랑이를 찾아볼 수 없으나, 🅐이전에 한반도에서 호랑이는 흔한 동물이었습니다. 조선 시대의 호랑이를 칭하는 여러 이름을 통해서 우리는 사람들이 호랑이를 어떻게 생각했는가를 알 수 있습니다. 🅑당시 사람들은 호랑이와 표범을 모두 아울러 범이라고 불렀는데, 호랑이는 그 무늬 때문에 특별히 칡범이라고 불렀습니다. 하지만 칡범이라는 이름 외에도 호랑이는 산군, 혹은 산신이라고 불리기도 했습니다. 이 산군이라는 이름은 산을 지키고 다스리는

神, 혹은 영물을 의미합니다. 즉 호랑이를 산과 땅을 수호하는 신이라고 생각했던 것이지요. <u>C이처럼 호랑이를 긍정적으로 바라보는 관점</u>은 '호랑이 형님'과 같은 전래 동화에서도 나타납니다.

女性：現在は、この地で虎を見つけることはできませんが、<u>A以前は韓半島（朝鮮半島）で虎はありふれた動物でした</u>。朝鮮時代の虎を呼ぶさまざまな名前を通して、私たちは人々が虎のことをどのように考えていたのかを知ることができます。<u>B当時、人々は虎とヒョウの両方を合わせて「ポム」と呼んでいましたが、虎はその模様から特別に「チクポム」と呼ばれていました</u>。しかし、チクポムという名前の他にも虎は山君（サングン）、あるいは山神（サンシン）と呼ばれたりもしました。この山君（サングン）という名前は山を守り、治める神、あるいは霊物を意味します。つまり、虎を山と地を守る神だと考えていたのです。<u>Cこのように虎を肯定的に見る観点</u>は「虎のお兄さん」のようなおとぎ話（童話）にも現れています。

45. 聞いた内容と一致するものを選びなさい。
① 韓半島（朝鮮半島）からいなくなった（絶滅した）虎を保護している。
② 昔の人々は虎を肯定的に考えていた。
③ 高句麗、朝鮮時代には虎が珍しかった。
④ 昔の人々は虎とヒョウが区別できなかった。

正解 ②
① → このような内容は話されていない。
② → Cで虎を肯定的に考えていたと言っている。
③ → Aで虎は朝鮮時代、珍しくなかったと言っている。
④ → Bから、虎とヒョウを区別したことがわかる。

46. 女性の話し方として最も適切なものを選びなさい。

① 野生の虎の生態を詳細に描写している。

② 韓半島（朝鮮半島）の虎の個体数の変化を説明している。

③ 韓半島（朝鮮半島）の虎の発見過程を順に並べている。

④ 人々の虎に対する考えについて事例を挙げて説明している。

正解 ④

女性は昔の人々の虎に対する考えについて、さまざまな虎の呼称とその意味や「虎のお兄さん」というおとぎ話のタイトルを事例に挙げて説明している。よって、正解は④。

単語　□칭하다 称する　□표범 ヒョウ　□범 虎（ボム）　□산신 山神
　　　□영물 霊物　□수호하다 守護する　□관점 観点

※ [47-48] 次は対談です。よく聞いて問いに答えなさい。(各2点)

여자：전국에 전봇대가 850만 개나 된다니 정말 놀랍네요. 아, 그리고 전
　　　봇대 표지를 잘 보면 위치도 알 수 있다던데 사실입니까?

남자：네, 맞습니다. A전봇대의 기본적인 기능은 전기를 전송하는 전선의
　　　연결이지만, 사실 다른 기능도 가지고 있습니다. 전봇대를 잘 살펴
　　　보면 상단에 B한국전력에서 측지계로 정확하게 측정한 위치 정보
　　　가 붙어 있는데, 이것을 '전주번호찰'이라고 합니다. 경도와 위도를
　　　포함한 지리정보 데이터와 전봇대가 설치된 선로명칭 등을 담고 있
　　　는 일종의 위치 정보이지요. C상단의 4개의 숫자 중 앞의 2개는 경
　　　도를 그리고 마지막 2개는 위도를 나타냅니다. D이 번호를 확인하
　　　면 조난을 당하거나 문제가 생겼을 때 정확한 위치를 전달할 수 있습
　　　니다. 전봇대가 없는 곳이 없기 때문에 매우 유용하다고 볼 수 있죠.

女性：全国に電柱が 850 万個もあるなんて本当に驚きました。ああ、それか
　　　ら、電柱の表示をよく見れば位置もわかるそうですが、本当なんで
　　　しょうか。

男性：はい、その通りです。A電柱の基本的な機能は電気を送る電線の連結ですが、実は他の機能も持っています。電柱をよく見てみると、上段にB韓国電力から測地系で正確に測定した位置情報が貼られており、これを「電柱番号札」といいます。経度と緯度を含む地理情報データや電柱が設置されている線路名称など含んでいる一種の位置情報です。C上段の4桁の数字のうち、前の2桁は経度を、そして最後の2桁は緯度を表しています。Dこの番号を確認すれば遭難したり、問題が起きたりした際に正確な位置を伝えることができます。電柱がないところはないので、とても便利だと言えます。

47. 聞いた内容と一致するものを選びなさい。
① 電柱番号札の上段の4桁の数字は道路名である。
② 電柱の基本的な機能は位置情報の伝達である。
③ 各地域の電柱の位置は韓国電力が測定している。
④ 電柱番号札は自分の位置を知っているときに有用である。

正解③
① → Cで、経度と緯度だと言っている。
② → Aで、電線の連結だと言っている。
③ → Bで、韓国電力で測定していると言っている。
④ → Dで、位置がわからないときに便利だと言っている。

48. 男性の態度として最も適切なものを選びなさい。
① 新しい制度の導入を促している。
② 制度について否定的な評価をしている。
③ 制度を紹介し、肯定的に評価をしている。
④ 制度の問題点を指摘し、対案を提示している。

正解③
男性は電柱番号札を紹介し、その長所について話しているので、正解は③。

※ [49-50] 次は講演です。よく聞いて問いに答えなさい。（各2点）

여자 : Ⓐ해수면의 온도 변화는 해양 생물뿐 아니라 인간에게도 큰 영향을
　　　줍니다. 장기적으로는 수온이 오르게 되면 물에 용해되어 있던 Ⓑ이
　　　산화탄소가 공기 중으로 배출되어 지구온난화가 가속화됩니다. 지
　　　구가 더 빠른 속도로 뜨거워진다는 의미이지요. 또한 단기적으로도
　　　해수면의 온도 변화는 그 인근 지역의 날씨에 영향을 주게 됩니다.
　　　Ⓒ최근 한반도 근해의 온도가 빠르게 상승하며 폭염이 매년 더 심각
　　　해질 가능성이 제기되고 있습니다. 1997년부터 2018년 사이 7월의
　　　한반도 근해의 해수면 온도는 평균 0.14도씩 높아졌습니다. 특히
　　　Ⓓ2010년부터 2018년 사이에는 무려 0.34도나 상승하며 급격한 변
　　　화를 보였습니다. 하지만 그럼에도 여전히 해수면 온도에 대한 국가
　　　적인 연구가 소극적이라는 건 큰 문제입니다.

女性 : Ⓐ海面の温度変化は海洋生物だけでなく、人間にも大きな影響を与
　　　えます。長期的には水温が上がると、水に溶けていたⒷ二酸化炭素
　　　が空気中に排出され、地球温暖化が加速します。地球がより速いス
　　　ピードで熱くなるという意味です。また、短期的にも海面の温度変化
　　　はその近隣地域の天候に影響を与えることになります。Ⓒ最近、韓
　　　半島（朝鮮半島）近海の温度が急速に上昇し、猛暑が毎年より深刻に
　　　なる可能性が提起されています。1997 年から 2018 年の間、7 月の韓
　　　半島（朝鮮半島）近海の海面温度は平均 0.14 度ずつ高くなりました。
　　　特にⒹ2010 年から 2018 年の間にはなんと 0.34 度も上昇し、急激な
　　　変化を見せました。しかし、それにもかかわらず依然として海面温度
　　　に対する国家的な研究が消極的であることは大きな問題です。

49. 聞いた内容と一致するものを選びなさい。

① 海面温度の変化は海洋生物だけが影響を受ける。

② 空気中の二酸化炭素が多くなると気温が下がる。

③ 最近、韓半島（朝鮮半島）周辺の海面温度が高くなっている。

④ 2010年から2018年には海面の温度が低くなった。

正解 ③

① → **A** から、海洋生物だけでなく人間も影響を受けることがわかる。

② → **B** から、空気中の二酸化炭素が多くなると気温が上がることがわかる。

③ → **C** で、最近、韓半島（朝鮮半島）近海の温度が上昇したと言っている。

④ → **D** で、2010年から2018年に海面の温度は上昇したと言っている。

---

50. 女性の態度として最も適切なものを選びなさい。

① 海面温度上昇の効果を期待している。

② 海面関連の研究の成果を高く評価している。

③ 海水研究にかかわる機関の協力を呼びかけている。

④ 海面温度の変化を懸念し、関心を促している。

正解 ④

女性は海面の温度変化によって生じ得る問題を懸念し、関連する研究の必要性について話しているので、正解は④。

単語　□해수면 海面（海水面）　□장기적 長期的　□수온 水温
　　　□용해되다 溶解する　□이산화탄소 二酸化炭素
　　　□배출되다 排出される　□지구온난화 地球温暖化
　　　□가속화되다 加速化する　□단기적 短期的　□인근 近隣
　　　□근해 近海　□폭염 猛暑　□제기되다 提起される
　　　□소극적 消極的

模擬試験 第2回 （解答・スクリプト・訳）

解答（配点は各2点）

1	①	2	②	3	③	4	③	5	②	6	④	7	③	8	④	9	③	10	①
11	①	12	②	13	①	14	②	15	④	16	③	17	③	18	②	19	③	20	④
21	②	22	④	23	②	24	②	25	④	26	①	27	③	28	②	29	④	30	④
31	③	32	②	33	②	34	④	35	④	36	④	37	④	38	③	39	①	40	③
41	④	42	③	43	②	44	①	45	③	46	②	47	④	48	②	49	①	50	④

※ ［1-3］次の音声を聞いて適切な絵またはグラフを選びなさい。（各2点）

1.

　　여자: 손님, 무슨 문제 있으세요?

　　남자: 네, 제가 Ａ주스를 쏟았는데 휴지가 없어서요. 죄송해요.

　　여자: 아, 금방 가져다드릴게요.

女性：お客様、何かお困りでしょうか？

男性：はい、Ａジュースをこぼしたんですが、ティッシュがないんです。
　　　すみません。

女性：あ、すぐにお持ちします。

正解 ①

男性がＡテーブルにジュースをこぼして、従業員に助けを求めているので
①が正解。

単語　□쏟다 こぼす　□가져다주다 持ってくる

2.

　남자: 어디 멀리 여행 가세요?

　여자: 네, 한 달 정도 A제 차로 전국을 돌아다닐 생각이에요.

　남자: 그래서 짐이 많군요, 가방 주세요, B제가 실어 드릴게요.

男性：どこか遠くへ旅行に行くのですか？

女性：はい、1 カ月ほど A自分の車で全国を回ろうと思っています。

男性：それで荷物が多いんですね。かばんをください。B私が載せてあげ
　　　ますよ。

正解 ②

Aで女性は自分の車で旅行をすると言っているので④は誤答。男性が女性
の荷物が多いのを見て、Bのように車に載せるのを手伝うと言っているの
で正解は②。

単語　□전국 全国　□싣다 載せる

3.

　남자: 최근 동영상 콘텐츠의 인기가 대단합니다. 인주 신문사에서 대학생
　　　천 명을 대상으로 조사한 결과, A스마트폰으로 동영상을 시청한다
　　　는 사람이 60% 이상으로 가장 많았고, TV와 컴퓨터가 뒤를 이었습
　　　니다. 자주 시청하는 동영상은 B예능, 영화, 음악 관련 콘텐츠 순으
　　　로 나타났습니다. C이 세 가지는 근소한 차이를 보였습니다.

男性：最近、動画コンテンツの人気がすごいです。インジュ新聞社が大学生
　　　1000 人を対象に調査した結果、Aスマートフォンで動画を視聴する
　　　という人が60% 以上で最も多く、テレビやパソコンがその後に続き
　　　ました。よく視聴する動画はB芸能（バラエティ）、映画、音楽関連
　　　コンテンツの順となっていました。Cこの 3 つはわずかな差でした。

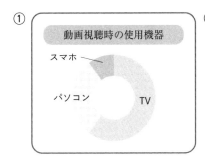

① 動画視聴時の使用機器

② 動画視聴時の使用機器

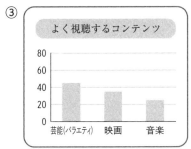

③ よく視聴するコンテンツ

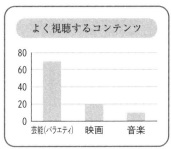

④ よく視聴するコンテンツ

正解 ③

①と②は**A**の順序と合わないので誤答。③と④は**B**の順序と同じだが、**C**から回答者の数が同じくらいでなければならないので、③が正解。④は「芸能（バラエティ）」と答えた人の数が圧倒的に多いので「わずかな差」とは言えない。

単語　□**콘텐츠** コンテンツ　□**예능** 芸能（バラエティ）
　　　□**근소하다** わずかだ

※ [4-8] 次の会話をよく聞いて、後に続く言葉を選びなさい。（各2点）

4.

남자: 여보세요, 김민수 과장님 좀 바꿔주세요.
여자: 지금 회의 중이라 자리에 안 계신데 제가 대신 **A**메모 남겨 드릴까요?
남자: 아니요, 제가 다시 전화드리겠습니다.

男性：もしもし、キム・ミンス課長に代わってください。
女性：今会議中なので席を外しておりますが、私が代わりに A メモを残し
　　　ましょうか？
男性：いいえ、私が改めてお電話いたします。

① はい、お待ちしております。
② はい、メモを残しましたのでお伝えください。
③ いいえ、私が改めてお電話いたします。
④ いいえ、会議が終わったらまた電話してください。

正解③

男性が電話をかけているので④は誤答。A に対して「はい」と答える場合、
「お願いします」や「〜と伝えてください」のような表現が続くのが適切
なので、①と②は誤答。正解は③。

単語　□메모 メモ

5.

남자： A 손님, 이제 한국대학교 정문입니다. 학교 안으로 들어갈까요?
여자：아니요, 들어가면 복잡하니까 여기에서 B 세워 주세요.
남자：요금은 8,000원입니다.

男性： A お客様、こちらが韓国大学の正門です。学校の中に入りましょうか？
女性：いいえ、入ると面倒なのでここで B 止めてください。
男性：料金は8,000ウォンです。

① 面倒そうですが。
② 料金は8,000ウォンです。
③ 学校の中を直進しますか？
④ 学校の中では止められません。

ＡとＢから、タクシー運転手と乗客の会話だとわかる。料金を支払う場面が続くのが自然なので、②が正解。

単語　□세우다 止める　□직진하다 直進する

6.

여자: 저는 요즘 집에서 Ａ아이스크림도 만들어 먹고 과일 넣은 빙수도 만들어 먹어요.

남자: 그래요? 빙수는 저도 만들어 봤는데 Ｂ아이스크림은 생각도 못 해 봤어요.

여자: 생각보다 어렵지 않으니까 해 보세요.

女性：私は最近、家でＡアイスクリームを作って食べたり、果物を入れたかき氷を作って食べたりしています。

男性：そうなんですか。かき氷は私も作ってみましたが、Ｂアイスクリーム（を作ろうと）は思いもしませんでした。

女性：思ったより難しくないのでやってみてください。

① 私には難しいと思いますが。

② やはりできないことがないんですね。

③ ちょうど作ってみようと思っていました。

④ 思ったより難しくないのでやってみてください。

女性はＡのようにアイスクリームとかき氷を2つとも作ったが、男性はＢのようにアイスクリームは作ったことがないと言っている。ここでは女性が男性にアイスクリームも作ってみるように勧める④が自然である。

単語　□빙수 かき氷

第２回模擬試験（解答・スクリプト・訳）

7.

여자: 비가 와서 그런가 오늘은 A손님이 없네.

남자: 그럼 B가게 문 일찍 닫고 들어가자.

여자: 글쎄, 한 명이라도 오면 어떻게 해.

女性：雨が降っているせいか、今日はAお客さんがいないね。

男性：じゃ、B店を早めに閉めて帰ろう。

女性：でも、一人でも来たらどうするの。

① そうしよう。雨は降らないと思う。

② うん、早めにお店に出るほどいいよ。

③ でも、一人でも来たらどうするの。

④ いや、もう少し早めに行かないと会えないよ。

> 正解 ③
> AとBから、二人は店をしている人だということがわかる。女性が今日
> はお客さんがいないと言った後、男性は早めに店を閉めようと言っている。
> これに対する女性の反応として最も適切なのは③。①は今雨が降っている
> のに、「雨は降らない」と言っているので誤答。

8.

여자: 안녕하세요, 혹시 휴가철 할인 행사는 끝났나요?

남자: 네 고객님, A주말 객실은 예약이 다 찼고, B주중은 아직 가능합니
다.

여자: 그럼 이번 수요일에 1박 예약 가능한가요?

女性：こんにちは、もしかして休暇シーズンの割引イベントは終わりました
か？

男性：はい、お客様、A 週末の客室は予約でいっぱいですが、B 平日はま
　　　だ（予約が）可能です。

女性：では、今週の水曜日に1泊予約できますか？

① はい、週末に泊まろうと思っています。
② いいえ、4人で行く旅行です。
③ 1週間旅行に行くことにしました。
④ では、今週の水曜日に1泊予約できますか？

正解 ④

女性がホテルの客室の予約について問い合わせをしている状況。A から週
末は客室の予約ができず、B から平日は予約が可能なことがわかるので④
が正解。

単語　□휴가철 休暇シーズン　□객실 客室
　　　□차다 満ちる、いっぱいになる　□묵다 泊まる　□1박 1泊

※ [9-12] 次の会話をよく聞いて、後に続く女性の行動として適切なもの
　　　　　を選びなさい。（各2点）

9.

남자 : 관리실이지요? 어젯밤에도 화재 경보가 또 잘못 울렸어요. 얼마나
　　　놀랐는지 몰라요.
여자 : 죄송합니다. 저희도 알아보고 있습니다. 지난 정기 점검 때는 문제
　　　가 없었거든요.
남자 : A 일단 아파트에 안내 방송을 하는 게 어때요? 저처럼 궁금해하는
　　　주민들이 많아요.
여자 : 네, B 알겠습니다.

男性：管理室ですか？　昨夜も火災警報がまた誤作動で鳴りました。本当に
　　　びっくりしましたよ。

女性：申し訳ございません。私たちも調べているところです。前回の定期点
　　　検のときは問題がなかったんですが。
男性：Aとりあえず、マンション（の住民）に案内放送をしたらどうですか？
　　　私みたいに気にしている住民が多いと思います。
女性：はい、B承知しました。

① マンションに急いで行く。
② 火災警報器を直す。
③ マンションに案内放送をする。
④ 住民に会って話す。

正解③

マンションで火災警報が誤作動を起こしたことについて、驚いた住民男性
と管理室の女性の会話です。男性が、警報のことを気にしている人のため
にAのように案内放送をするよう勧めているのに対し、女性はBのよう
に承諾している。よって、③が正解。

単語　□화재 경보 火災警報　□울리다 鳴る　□정기 점검 定期点検

10.

　　남자: 수미야, 과제는 다 했어? 너무 어렵더라.
　　여자: 아직 하고 있어. 그런데 내가 다음 주에 중요한 일이 있어서 수업에
　　　　　못 갈 것 같아.
　　남자: 그래? 다음 주에 과제 제출해야 하잖아. 그럼 내가 대신 제출해 줄까?
　　여자: A우선 내가 교수님께 여쭤볼게. 혹시 이메일로 제출해도 되는지.

男性：スミ、課題は終わった？　ものすごく難しかったよ。
女性：まだやってるところよ。だけど、私は来週大事な用事があるから、授
　　　業に行けないと思うわ。

男性：そうなの？　来週、課題を提出しないといけないよね？　じゃあ、ぼく
　　　が代わりに提出してあげようか。
女性：A先に私が教授に聞いてみるわ。メールで提出してもよいのかを。

① 教授に連絡する。
② 授業を受けに行く。
③ 男性に課題を与える。
④ Eメールで課題を提出する。

正解 ①
男性と女性は同じ授業を受ける友達で、課題について話をしている。女性
は来週用事があり、課題を出せないかもしれないため、男性が代わりに提
出することを提案しているが、女性はAで課題を他の方法で提出してもよ
いのかを先に教授に聞いてみると言っている。よって、①が正解。

11.

여자：안녕하세요? 과장님, 잘 지내셨어요?
남자：오랜만이에요 수미 씨, 회사 옮기더니 더 좋아 보이네요. 일은 잘 맞
　　　아요?
여자：네, 그럭저럭이요. 과장님은 뭐 드실래요? A제가 계산할게요. 부탁
　　　드릴 일도 있고 해서요.
남자：그럼 전 오렌지 주스요. B저는 자리 잡고 있을게요.

女性：こんにちは。課長、お元気でしたか？
男性：お久しぶりです、スミさん、会社を移ってから、元気そうですね。仕
　　　事はうまくいっていますか？
女性：はい、なんとか頑張っています。課長は何を召し上がりますか？
　　　A私がお支払いします。お願いしたいこともありますので。
男性：じゃあ、オレンジジュースで。B私は席を取っておきますね。

① 飲み物を注文する。
② 良い会社を探してみる。
③ 座って男性を待つ。
④ 男性に新しい会社を紹介する。

> 正解 ①
>
> AとBから、男性が席を取り、女性が飲み物を注文して持っていくということがわかる。したがって、①が正解。座って待つのは男性がすることなので③は誤答。
>
> 単語　□**옮기다** 移す　□**그럭저럭** なんとか
> 　　　□**자리 잡다** 席を取っておく　□**음료** 飲み物

12.

여자: 여보세요, 인주전자 AS센터지요? 텔레비전이 고장난 것 같아요.
남자: 네 고객님. 텔레비전 구입은 언제 하셨어요? 어떤 이상이 있나요?
여자: 얼마 안 됐어요. 아직 한 달밖에 안 썼는데 A리모컨을 아무리 눌러도 안 켜져요.
남자: 혹시 리모컨은 이상이 없나요? 가끔 B리모컨 건전지가 다 닳았거나 망가진 경우도 있으니까 한 번 확인해 보시겠어요?

女性：もしもし、インジュ電子アフターサービスセンターですか？ テレビが故障したようなんですが。
男性：かしこまりました、お客様。テレビのご購入はいつでしょうか？ どのような異常がございますか？
女性：買ったばかりです。まだ１カ月しか使っていないのに、Aリモコンをいくら押してもつかないんです。
男性：もしかして、リモコンに異常はございませんか？ ときどき、Bリモコンの乾電池が切れていたり壊れていたりする場合もありますので、一度ご確認いただけますでしょうか。

① 乾電池を買いに行く。

② リモコンを確認してみる。

③ テレビを新しく購入する。

④ アフターサービスセンターにテレビを持っていく。

正解 ②

女性は A の状況から、テレビが故障したと思い、アフターサービスセンターに電話をしている。それに対し、アフターサービスセンターの従業員は B のようにリモコンの確認を促しているので、②が正解。

単語 □**구입** 購入 □**리모컨** リモコン □**건전지** 乾電池
□**닳다** すり減る（使い切る）

※ [13-16] 次の音声を聞いて内容と一致するものを選びなさい。（各2点）

13.

여자: A 오늘이 졸업 여행 마지막 날이라니, 정말 아쉽다.

남자: 그러게, 이제 졸업하면 이렇게 우리가 다 같이 모일 수 있는 날도 얼마 없겠지?

여자: 응, 각자 회사 일로 바빠질 테니까 지금처럼 자주 모이기 힘들 거야.

남자: 아쉬운 만큼 오늘 여행 끝날 때까지 사진도 많이 찍고 즐거운 추억 남기자.

女性：A 今日が卒業旅行の最後の日だなんて、本当に残念だわ。

男性：そうだね、これから卒業したらこんなふうにみんなで集まる日もあまりないだろうな。

女性：うん、それぞれ会社の仕事で忙しくなるから、今みたいにちょくちょく集まるのは難しいでしょうね。

男性：残念な分（だけ）、今日の旅行が終わるまで写真もたくさん撮って、楽しい思い出を残そう。

① 男性と女性は今旅行中である。

② 女性は旅行に行って撮った写真を見ている。

③ 男性は普段、会社の同僚とよく集まる。

④ 女性は会社の仕事で忙しいので、旅行があまりできない。

正解 ①

① → **A**で、今日は旅行の最後の日と言っているので、まだ旅行中であるとわかる。

② → 今は旅行中で、写真を見ながらしている会話ではない。

③ → 男性はまだ卒業前の学生で、卒業後に友達と頻繁に集まれなくなることを嘆いている。

④ → 女性もまだ学生で、これから会社の仕事が忙しくなるだろうと思っている。

単語 　□졸업 卒業 　□아쉽다 残念だ 　□추억 思い出

14.

남자: 관객 여러분, **A**잠시 후 5시부터 공연을 다시 시작할 예정입니다. **B**이렇게 갑자기 소나기가 내려서 당황하셨을텐데요, 야외에서 진행되는 공연인데 일기 예보를 더 주의 깊게 살피지 않은 점 다시 한번 사과 드립니다. 현재 **C**무대 정리는 다 끝난 상태입니다. 마지막으로 관객석에 이상이 없는지만 확인하고 바로 공연 시작하겠습니다.

男性: 観客の皆さま、**A**間もなく 5 時から公演を再開する予定です。**B**このように急に夕立が降ったため、慌てられたかと存じます。野外で行われている公演であるのにも関わらず、天気予報をより注意深く調べていなかった点について、改めてお詫び申し上げます。現在、**C**舞台の整理はすべて終わった状態です。最後に観客席に異常がないかだけ確認し、すぐに公演を始めさせていただきます。

① 舞台の整理が5時頃終わる予定である。

② 雨のせいで野外公演が一時中断された。

③ 観客席に異常が生じて公演ができない。

④ 公演は本来5時に始まるはずなのに、遅れている。

正解 ②

① → **C**で、舞台整理はもう終わっていると言っている。

② → **A**で、公演を再開すると言っていることや、**B**の夕立が突然降ったという内容から一時的に中断されたことがわかる。

③ → **B**から、公演が中断したのは夕立のせいだとわかる。

④ → **A**で、公演は間もなく5時より再開するとあるので、すでに開演はしていて、中断している状況であるとわかる。

単語 □**야외** 野外 □**살피다** 調べる □**도중** 途中
□**중단되다** 中断される

15.

여자: 태풍이 빠른 속도로 북상하고 있습니다. 내일 오전에는 전국이 태풍의 영향권에 들 것으로 보입니다. **A**현재 제주도를 제외한 전국은 맑은 날씨를 보이고 있지만 오늘 밤부터 차차 흐려져서 내일 오전에는 매우 많은 양의 비가 오겠습니다. 이번 태풍은 강수량도 많지만 **B**바람 또한 강하게 불 것으로 예상됩니다. **C**피해가 우려되니 시설물 관리에 주의하시기 바랍니다.

女性：台風が速い速度で北上しています。明日の午前中には全国が台風の影響圏に入る見込みです。**A**現在、済州島を除く全国は晴天ですが、今夜から次第に曇ってきて明日の午前中にはかなりの量の雨が降るでしょう。今回の台風は降水量も多いですが、**B**風も強く吹くことが予想されます。**C**被害が心配されますので施設物の管理にご注意ください。

① 現在、全国に大雨が降っている。

② 今日済州島は晴れているが、明日は曇りになるだろう。

③ 今回の台風により、被害を受けた施設が多い。

④ 明日は全国で風が強く吹くと予想される。

正解 ④

① → <u>A</u>から、済州島を除き、晴れていることがわかる。

② → <u>A</u>から、現在の済州島は晴れていない。

③ → <u>C</u>から、まだ被害が発生していないことがわかる。

④ → <u>B</u>で、風が強く吹くと言っている。

単語 □북상 北上 □영향권 影響圏 □들다 入る □제외하다 除外する
□차차 次第に □강수량 降水量 □예상되다 予想される □우
려되다 心配される、懸念される □시설물 施設物

16.

여자 : 직접 제작하신 영어 강의 동영상이 인기인데요, 어떻게 만드시나요?

남자 : 네, <u>A</u>촬영은 일주일에 한 번 합니다. 집에서 직접 카메라를 설치하
고 그 앞에서 <u>B</u>두 시간 정도 영어 문법 강의를 합니다. 촬영한 영상
을 <u>C</u>편집하는 데 삼일 정도 걸리고요. 그리고 이메일로 문법 질문
을 하시는 분들에게 답을 하고 다음 강의를 준비하면 일주일이 금방
지나갑니다.

女性 : ご自身で制作された英語の講義動画が人気ですが、どのように作って
いらっしゃいますか。

男性 : そうですね、<u>A</u>撮影は週に一度行います。家で自分でカメラを設置
して、その前で<u>B</u>2 時間ほど英語文法の講義をします。撮影した動
画を<u>C</u>編集するのに 3 日ほどかかります。そして、E メールで文法
の質問をくださった方に返答をして、次の講義を準備すると 1 週間が
あっという間に過ぎます。

① 男性は学校で英語を教えている。

② 動画制作には計2時間かかる。

③ 動画は撮影より編集のほうが長くかかる。

④ 男性は1週間ずっと講義動画を撮る。

正解 ③

① → 学校で教えているという内容は話されていない。

② → B と C から、撮影だけで2時間、編集に3日かかることがわかる。

③ → B と C から、撮影は2時間ほど、編集は3日かかるとわかる。

④ → A と B から、で撮影は週に一度、2時間であることがわかる。

単語　□제작하다 制作する　□촬영 撮影　□설치하다 設置する
　　　□편집하다 編集する　□내내 ずっと

※ [17-20] 次の音声を聞いて、男性の中心となる考えを選びなさい。

（各2点）

17.

　남자：이번 학기 역사학 수업 발표요, 선배님께서 제일 먼저 하시면 안 될
　　　　까요?

　여자：내가 선배인 건 맞지만 A난 역사학 전공자도 아닌데? 내 전공이 아
　　　　니라 나도 첫 번째 발표는 좀 부담스러워.

　남자：그래도 저희보다 B발표 경험이 많으실 것 같은데 좀 해 주시면 안
　　　　될까요?

　男性：今学期の歴史学の授業の発表ですが、先輩が一番最初にしていただけ
　　　　ませんか？

　女性：先輩なのは確かだけど、A私は歴史学専攻でもないんだけど？
　　　　自分の専攻じゃないから、私も一番目の発表はちょっと負担だわ。

　男性：それでも私たちより B発表の経験が多そうですし、ちょっとしてい
　　　　ただけないでしょうか？

① 専攻している人が一番先に発表をするべきだ。

② 歴史学は難しいため、調査をたくさんしなければならない。

③ 発表経験の多い人が先に発表をするべきだ。

④ 後輩が先輩より発表の能力がより優れているかもしれない。

正解 ③

皆が負担に感じている歴史学の授業の発表で、誰が一番目に行うかについての会話。 A から、①は女性の考えなので誤答。 B から、男性は発表の経験が多そうな先輩が先にするのがよいと考えているので、③が正解。

単語 □전공자 専攻者　□부담스럽다 負担に感じる　□경험 経験
　　　□나서다 前に出る　□뛰어나다 優れている

18.

남자: 수미야, 장례식장에 간다면서 그렇게 화려한 옷을 입은 거야? 모자는 왜 썼어?

여자: 오늘 장례식장에 가기 전에 다른 일이 있어서…… A위로하는 마음이 더 중요하니까 이렇게 입어도 될 거라고 생각했어.

남자: 마음이 중요한 건 맞지만 B옷차림도 마음을 표현하는 중요한 방식중 하나야. 나라면 다른 일을 미루거나 옷을 갈아입을 것 같아.

男性:スミ、葬儀場に行くっていうのに、そんなに派手な服を着てるの？ 帽子はどうしてかぶってるの？

女性:今日、葬儀場に行く前に他の用事があって……。 A慰めるという気持ちのほうが重要だから、このように（服を）着てもいいと思ったの。

男性:気持ちが重要なのは確かだけど、 B服装も気持ちを表現する重要な方法の一つだよ。ぼくなら他の用事を先送りにするか、服を着替えるよ。

① 葬儀場で帽子をかぶることは絶対にだめである。

② 状況と場所に合わせて服を着ることが重要である。

③ 他の用事を先送りにして、今日は葬儀場にだけ行かなければならない。

④ 服装と関係なく慰める気持ちそのものが重要である。

正解 ②

葬儀場に行くときの服装について話している。Aから、④は女性の考えなので誤答。Bで、男性が服装も気持ちを表現する重要な方法だと言っているので、②が正解。③は男性が言っていることだが、服を着替えるか先送りにするかどちらかだと言っているので、中心となる考えとして適切ではない。

単語 □장례식장 葬儀場　□화려하다 華やかだ　□위로하다 慰める
　　　□옷차림 服装、身なり　□미루다 先送りする

19.

여자 : 내일 민수 집들이 선물 말이야, 그냥 돈으로 주면 어떨까?

남자 : A 돈은 너무 성의 없어 보이지 않을까? 아무래도 물건을 준비하는
　　　게 낫지.

여자 : 민수가 뭘 좋아하는지도 잘 모르고, 뭐가 필요한지도 모르는데 B 돈
　　　으로 주면 본인이 원하는 걸 사지 않을까?

남자 : 그래도 초대받아서 가는 건데 C 우리도 신경 써서 선물을 준비해야지.
　　　보통 집들이 선물로 휴지나 세제 많이 주잖아, 우리도 그런 선물을
　　　주자.

女性：明日のミンスの引っ越し祝いのプレゼントのことだけど、お金であげ
　　　たらどうかな。

男性：A お金はあまりにも誠意がないように思われるんじゃない？　どう考
　　　えても品物を準備したほうがいいと思うけど。

女性：ミンスが何が好きなのかもよくわからないし、何が必要なのかもわか
　　　らないから、Bお金をあげたら本人が欲しいものを買うんじゃない
　　　かな？

男性：だとしても、招待で行くんだから、Cぼくたちも気を遣ってプレゼ
　　　ントを準備しなきゃ。普通引っ越し祝いのプレゼントで、よくトイ
　　　レットペーパーや洗剤をあげるよね？　ぼくたちもそのようなプレゼ
　　　ントをあげようよ。

① 引っ越し祝いに何の準備もなく手ぶらで行くのは礼儀がない。

② 受け取る人が自分で必要なものを買えるようにお金を渡すのがよい。

③ 引っ越し祝いの贈り物として、お金をあげるのと品物であげるのとでは
　大きな違いがある。

④ トイレットペーパーや洗剤のように平凡な贈り物より、友達が好きな物
　をあげないといけない。

正解③

引っ越し祝いのプレゼントについて話している。AとCから、男性はプ
レゼントとしてお金をあげるのは誠意がないので、品物を準備するべきだ
と思っていることがわかる。よって、③が正解。②はBから女性の考えだ
とわかるので誤答。

単語　□집들이 引っ越し祝い　□성의 없다 誠意がない
　　　□신경을 쓰다 気を遣う　□빈손 手ぶら　□평범하다 平凡だ

20.

> 여자 : 가족과 함께 회사를 경영하신다고 들었는데, 어떤 부분에 가장 신경
> 을 쓰시나요?
>
> 남자 : 네, 저는 제 형제들과 일하는데, 출근해서 개인적인 이야기를 전혀
> 하지 않습니다. 일할 때 서로 이름을 부르거나 '형'이라는 호칭을 사
> 용하는 일도 없고요. 또 철저하게 성과에 따라서 소득을 나눕니다.
> 가족끼리 회사를 잘 경영하려면, A 공과 사를 정확하게 구분하는 것
> 이 필요하다고 생각합니다.

女性：家族と一緒に会社を経営されていると聞きましたが、どのような部分
　　　に一番気を遣っていらっしゃいますか。

男性：そうですね。私は自分の兄弟と仕事をしていますが、出勤したら個人
　　　的な話をまったくしません。仕事のときは、お互いを名前で呼ぶこと
　　　や、「兄さん」という呼称を使うこともありません。また、徹底的に
　　　成果によって所得を分けています。家族で会社をうまく経営するため
　　　には、A 公私を正確に区分することが必要だと思っています。

① 仕事をするときに使う呼称は重要ではない。
② 出勤しても家族と話ができるのでよい。
③ 兄弟が同じ努力をしたので、月給も同じでなければならない。
④ 仕事は仕事で、家族は家族だという考えが最も重要である。

正解 ④

男性は A で公私を区分すると言っているが、これは会社のことと個人的な
ことを完全に別々に考えるという意味なので、正解は④。

単語　□経営する 経営する　□個人적이다 個人的だ　□호칭 呼称
　　　□철저하다 徹底する　□성과 成果　□소득 所得
　　　□공과 사를 구분하다 公私を区分する

※ [21-22] 次の音声を聞いて問いに答えなさい。（各2点）

여자 : 부장님, 우수 고객들한테 보내는 추석 선물을 정해야 하는데요,
　　　 A 작년처럼 과일로 할까요?

남자 : 글쎄요, B 과일은 먹으면 없어지잖아요. 좀 더 집에 오래 두고 사용
　　　 할 수 있는 물건이 좋을 것 같은데…… 냄비나 칼 같은 주방 용품은
　　　 어떨까요?

여자 : 네, 한 번 알아보겠습니다. 예산은 충분합니다.

남자 : 잘됐네요. 주방 용품에 회사 이름을 새겨서 드리면, 고객들이 사용
　　　 할 때마다 우리 회사를 떠올릴 수 있으니까 홍보가 될 것 같은데요?

女性：部長、優良顧客に贈る秋夕（チュソク）の贈り物を決めなければなりませんが、
　　　 A 昨年と同様、果物になさいますか？

男性：そうですね、 B 果物は食べるとなくなってしまいますよね。もう少
　　　 し家に長く置いて使えるものがよいと思いますが……鍋や包丁などの
　　　 キッチン用品はどうでしょうか？

女性：わかりました、一度調べてみます。予算は十分あります。

男性：よかったです。キッチン用品に会社名を刻んで差し上げると、お客様
　　　 が使うたびにうちの会社のことを思い出すことができるので宣伝にな
　　　 ると思います。

21. 男性の中心となる考えとして適切なものを選びなさい。
① 秋夕（チュソク）に顧客に果物を贈るのがよい。
② 宣伝効果のあるプレゼントを贈るのがよい。
③ 秋夕（チュソク）に優良顧客に贈り物を贈る必要はない。
④ 数人が集まった場所で会社の宣伝をしなければならない。

正解 ②
男性は使うたびに会社のことを思い出してもらえる宣伝効果のある物を顧
客に贈ろうと話しているので、②が正解。 B のような理由で果物の贈り物

をすることには消極的なので①は誤答。

22. 聞いた内容として正しいものを選びなさい。
① 昨年の秋夕には予算が足りなくて果物しかあげられなかった。
② 女性は昨年の秋夕に贈った贈り物と同じものをあげたいと思っている。
③ 男性は果物の贈り物は予算に合わないのでよくないと思っている。
④ 優良顧客に秋夕の贈り物を贈るのは今年が初めてではない。

正解 ④
① → このような内容は話されていない。
② → Ａで、昨年の話をしているが、同じものを贈りたいという意味では
ない。
③ → Ｂのような意味でよくないと思っているのであって、予算とは関係
がない。
④ → Ａから、去年も秋夕の贈り物を贈っていることがわかる。

単語 □우수 優秀 □추석 秋夕 □홍보 広報

※ [23-24] 次の音声を聞いて問いに答えなさい。（各2点）

여자 : 여보세요, 저는 이번 8월 말 졸업 예정자인데요, 제가 언제까지 도
서관을 이용할 수 있는지 궁금해서요.

남자 : 네, 우선 8월 30일 졸업식 당일까지 도서관 출입은 가능해요. 그런
데 Ａ도서 대출은 7월 30일까지만 가능합니다. 졸업식 당일까지 반
납은 가능하고요.

여자 : 혹시 졸업한 이후에 도서관에서 책을 빌릴 수 있는 방법이 있나요?

남자 : 보통 9월 초에 Ｂ졸업생 100명에게 도서관 이용증을 발급해 드리고
있어요. 선착순으로 신청을 받는데, 경쟁이 아주 치열합니다. 아,
Ｃ무료는 아닙니다.

女性：もしもし、私は今年の8月末の卒業予定者ですが、私がいつまで図書館を利用できるのか気になってるんですが。

男性：はい、まず8月30日の卒業式当日まで図書館への出入りは可能です。ですが、A図書の貸し出しは7月30日までです。卒業式の当日まで返却は可能です。

女性：もしかして、卒業した後に図書館で本を借りる方法はありますか？

男性：通常、9月初めにB卒業生100人に図書館利用証を発行しています。先着順で申し込みを受け付けますが、競争がとても激しいです。あっ、C無料ではありません。

23. 女性が何をしているのか選びなさい。
① 図書館の利用証の発行方法を教えてほしいと言っている。
② 卒業を控えて今後の図書館利用について問い合わせをしている。
③ 7月に貸し出している本をいつまでに返却しなければならないのか尋ねている。
④ 卒業後9月から本を貸出する際にかかる費用を問い合わせている。

> 正解 ②
>
> 女性は8月末に卒業を控えている学生で、今後の図書館利用について気になったために問い合わせをしているので、②が正解。

24. 聞いた内容として正しいものを選びなさい。
① 卒業してからは図書館で本を借りる方法がない。
② 卒業の1カ月前から図書の貸し出しは制限され、返却のみ可能である。
③ すべての学生は卒業式の当日まで図書館で本を借りることができる。
④ 卒業生は先着順で100人まで無料で図書館が利用できる。

> 正解 ②
>
> ① → Bで借りる方法について説明しているので誤答。

② → Ａの内容と一致しているので正解。

③ → Ａから、卒業式の１カ月前まで本を借りられることがわかる。

④ → Ｃから、無料ではないとわかる。

単語　□예정자 予定者　□당일 当日　□대출 貸し出し　□반납 返却
　　　□이용증 利用証　□선착순 先着順

※ [25-26] 次の音声を聞いて問いに答えなさい。（各2点）

여자 : 오늘은 기타 연주자 김민수 씨를 만나러 왔습니다. 멋진 연주로도 유
　　　명하시지만, 최근에는 후배들을 위해서 하신 일 몇 가지가 화제가 되
　　　었는데요. 어떤 일이었죠?

남자 : 공연을 할 때, 가수의 공연 시간과 출연료 규정은 잘 마련되어 있지
　　　만 연주자들은 그렇지 않습니다. 일한만큼 충분한 보상을 받지 못하
　　　는 경우가 빈번했어요. 친한 가수의 공연에서 무료로 연주한 적도 많
　　　았습니다. 그런데 선배인 제가 무료로 연주를 하게 되면, Ａ후배들
　　　이 다른 공연에서 돈을 요구하기가 어렵다는 걸 알게 됐습니다. 그래
　　　서 나부터 바꿔 나가야겠다고 생각했습니다. 이제는 공연 전에 계약
　　　에 대해 자세히 묻고, Ｂ조건이 맞지 않으면 거부합니다. 처음에는
　　　돈을 밝힌다는 오해를 받아서 속상했는데, 점점 제 진심을 알아주는
　　　사람들이 많아져서 힘을 얻고 있습니다.

女性 : 今日はギター奏者のキム・ミンスさんに会いに来ています。素晴らし
　　　い演奏でも有名ですが、最近は後輩たちのためになさったことがいく
　　　つか話題になっています。どのようなことでしょうか。

男性 : 公演をするとき、歌手の公演時間と出演料の規定はきちんと設けられ
　　　ていますが、演奏者はそうではありません。働いた分だけ十分な報酬
　　　をもらえない場合が頻繁にありました。親しい歌手の公演で、無料で
　　　演奏したこともたくさんありました。しかし、先輩の私が無料で演
　　　奏すると、Ａ後輩たちが他の公演でお金を要求するのが難しくなる

ということがわかりました。なので、私から変えていこうと思いました。今は公演前に契約について詳しく尋ねて、Ｂ条件が合わなければお断りしています。最初はお金のことばかり考えていると誤解をされて悔しかったのですが、だんだん私の本心をわかってくれる人が多くなり、励まされています。

25. 男性の中心となる考えとして適切なものを選びなさい。
① 無料公演を行う演奏者に関心を持たなければならない。
② 契約条件だけを考える人は良い演奏者にはなれない。
③ 公演の機会が少ない演奏者を支援する制度が必要である。
④ 演奏者の公演時間と出演料の規定が設けられなければならない。

> 正解 ④
>
> 演奏者に公演時間と出演料の規定がないことから生じる問題について話しているので、④が正解。

26. 聞いた内容として正しいものを選びなさい。
① 男性は、今は公演で無料で演奏しない。
② 男性は公演をたくさんして、大金を稼ぐことができた。
③ 収入が少ないため、苦しんでいる歌手と演奏者が多い。
④ 男性のせいで後輩たちが公演で演奏できずにいる。

> 正解 ①
>
> ① → 男性は無料で演奏したことがあるが、Ａで後輩たちがそれによって不利益を被ることがわかったため、Ｂで今は条件が合わないと断っていると言っている。
> ② → このような内容は話されていない。
> ③ → 歌手の収入に関する内容は話されていない。
> ④ → Ａで、男性のせいで後輩たちがお金を要求するのが難しくなると言っているが、演奏ができないわけではない。

単語　□연주자 演奏者　□출연료 出演料　□마련되다 設けられる
　　　□보상을 받다 補償を受ける、報酬をもらう　□빈번하다 頻繁だ
　　　□계약 契約　□거부하다 拒否する
　　　□돈을 밝히다 お金に目がない

※ [27-28] 次の音声を聞いて問いに答えなさい。（各2点）

여자：1층 직원 휴게실을 없애고 거기에 작은 점포를 만들 거래요. A 5층 휴게실에 비해서 이용하는 직원도 적고, 회사 자금 상황도 안 좋다고요.

남자：그래요? 그 자리는 넓지도 않아서 작은 카페나 편의점 정도만 열 수 있을 것 같은데, 거기에서 얻는 수익이 회사에 얼마나 도움이 된다고 휴게실을 없앤대요?

여자：그러게요. B 앞으로 5층 휴게실이 북적일 텐데 그럼 편하게 쉴 수 없을 것 같아요.

남자：회사 사정이 안 좋다고 직원들 혜택부터 줄이는 건 좋은 방법이 아닌 것 같네요.

女性：1階の従業員休憩室をなくして、そこに小さな店舗を作るそうです。A 5階の休憩室に比べて利用する従業員も少ないし、会社の資金状況もよくないからだそうです。

男性：そうなんですか？ その場所は広くないから、小さなカフェかコンビニくらいしか開けないと思いますが、そこから得られる収益が会社にどれだけ役に立つと考えて休憩室をなくすんでしょうか？

女性：その通りですよ。B 今後、5階の休憩室が混むでしょうし、それでは気楽に休むことができなさそうですね。

男性：会社の状況がよくないからといって、従業員の福利厚生から削るのは良い方法ではないと思います。

27. 男性が女性に話す意図を選びなさい。
① 従業員の福利厚生に対する女性の誤解を解消するため
② 会社のための従業員の犠牲を強調するため
③ 従業員の福利厚生の縮小に関する問題を提起するため
④ 資金難に対処する会社の決定を支持するため

正解 ③

男性は、従業員の福利厚生を削減して、収益を上げようと模索する会社の態度を批判している。したがって、③が正解。

28. 聞いた内容として正しいものを選びなさい。
① 1階の休憩室は狭かったので利用者が少なかった。
② 女性は今後強いられる不便について心配している。
③ 5階の休憩室の場所に作った店舗は商売がうまくいっている。
④ 従業員はこれまで休憩室がなかったので楽に休めなかった。

正解 ②

① → A では、1階の休憩室は5階の休憩室に比べて利用者が少なかったと言っているが、その理由は狭いからではない。
② → B で休憩室が減ったときに生じる問題について心配している。
③ → 5階の休憩室に店舗を作ったという内容は話されていない。
④ → 休憩室は1階と5階にあった。

単語　□휴게실 休憩室　□점포 店舗　□자금 資金　□수익 収益
　　　□북적이다 混む　□혜택 特典　□희생 犠牲　□자금난 資金難
　　　□대처하다 対処する　□불편을 겪다 不便を強いられる

※ [29-30] 次の音声を聞いて問いに答えなさい。（各2点）

남자: 이사철이라 아주 바쁘실 것 같은데요, 어떠세요?

여자: A 요즘은 이사철이 따로 없습니다. 사계절 내내 이사하시는 분들이 많아요. 사실 B 제가 처음에는 포장이사 전문 업체로 시작했지만 요새 저희 회사는 청소 대행 서비스로 더 큰 수익을 올리고 있습니다.

남자: 그렇군요, 청소 대행 서비스란 어떤 건가요?

여자: 말 그대로 대신 집을 청소해 드리는 건데요. C 새로 이사 갈 집을 미리 청소해 드리는 서비스가 가장 인기가 많아요. D 이사와 관계없이 살고 있는 집을 청소해 드리는 서비스도 있는데 이 서비스도 점점 이용자가 늘어나고 있습니다.

男性：引っ越しシーズンなのでとても忙しいと思いますが、いかがでしょうか。

女性： A 最近は引っ越しシーズンが特にありません。一年中引っ越す方が多いです。実は B 私は最初、引っ越しパックの専門業者として始めたのですが、近ごろ弊社は清掃代行サービスでより大きな収益を上げています。

男性：そうですか。清掃代行サービスとはどんなものですか。

女性：文字通り、代わりに家を掃除して差し上げることなのですが、 C 新しく引っ越す家を事前に掃除するサービスが一番人気です。 D 引っ越しとは関係なく住んでいる家を掃除して差し上げるサービスもありますが、このサービスもだんだん利用者が増えています。

29. 女性は誰なのか正しいものを選びなさい。

① きれいな家を紹介してくれる人

② 家の掃除方法を研究する人

③ 引っ越す家を代わりに探してくれる人

④ 引っ越しと清掃業を営んでいる人

正解 ④

Ｂから、女性は引っ越しパックと清掃代行サービスを提供する会社を作った人物であるとわかる。よって、正解は④。

30. 聞いた内容として正しいものを選びなさい。
① 女性は最近引っ越しシーズンのため大変忙しい。
② 女性の会社は最初から清掃サービスを提供していた。
③ 引っ越し後、家を一緒に掃除するサービスが一番人気である。
④ 引っ越しの計画がなくても、この会社の清掃サービスを利用することができる。

正解 ④

① → Ａで、最近は引っ越しシーズンというものは特になく、一年中引っ越しが多くなっていると言っている。
② → Ｂから、最初は引っ越しパックサービスだけを提供する会社だったことがわかる。
③ → Ｃで、引っ越し前に行う掃除サービスが一番人気だと言っている。
④ → Ｄから、引っ越しに関係なく利用できるとわかる。

単語 □**이사철** 引っ越しシーズン □**포장이사** 引っ越しパック
□**대행** 代行 □**수익** 収益

※ [31-32] 次の音声を聞いて問いに答えなさい。（各2点）

남자 : 이번 학기에도 김수미 학생이 장학금을 받았네요. 저는 Ａ한 번 받은 학생은 후보에서 제외했으면 합니다.
여자 : 김수미 학생이 성적이 제일 좋았어요. Ｂ장학금의 기준은 성적을 최우선으로 삼아야 한다고 생각해요.
남자 : 글쎄요, 장학금을 받은 경험이 있는 학생 대부분은 그 이후에 더 열

심히 공부하게 됐다고 했어요. 저는 더 많은 학생이 그런 경험을 했
으면 해요. 한 사람만 계속 받으면 나머지 학생은 쉽게 좌절할 것 같
은데요?

여자: 그런가요? 전 장학금은 가장 열심히 공부한 학생에게 줘야 한다고
생각하는데요.

男性：今学期もキム・スミさんが奨学金をもらいましたね。私は A 一度も
らったことがある学生は（奨学金の）候補から外してほしいです。

女性：キム・スミさんの成績が一番良かったんです。B 奨学金の基準は成
績を最優先にしなければならないと思います。

男性：どうでしょうか。奨学金をもらったことのある学生のほとんどは、そ
の後もっと一生懸命勉強するようになったと言っています。私はもっ
と多くの学生にそのような経験をしてもらえればと思います。一人だ
けがもらい続けると、他の学生は簡単に挫折してしまうと思いますけ
ど。

女性：そうでしょうか。私は、奨学金は一番熱心に勉強した学生に与えるべ
きだと思います。

31. 男性の考えとして適切なものを選びなさい。
① 成績の良い学生は毎学期、賞をもらうべきである。
② 一度に複数の人に奨学金を与えたほうがよい。
③ 1人が奨学金を何度ももらうのはよくない。
④ 奨学金は成績以外の他の基準を考慮しなくてもよい。

正解 ③

男性が A で話した内容から、③が正解。④は女性が B で言っている内容
と同じなので誤答。

32. 男性の態度として適切なものを選びなさい。

① 制度の効果を懐疑的に見ている。

② 事例を取り上げて強く主張している。

③ 相手の主張に根拠がないと批判している。

④ 相手の言葉に説得されて意見を変えている。

正解 ②

男性は実際に奨学金をもらった経験のある学生たちが言った話を例として
話しているので②が正解。1人の学生が奨学金をもらい続ける場合に起こ
ることを懸念しているのであって、奨学金制度の効果そのものを懐疑的に
見ているわけではないので①は誤答。

単語　□후보 候補、対象　□제외하다 除外する

　　　□(기준으로) 삼다（基準に）する　□좌절하다 挫折する

※ [33-34] 次の音声を聞いて問いに答えなさい。（各2点）

여자: 꿀은 단맛 때문에 음식에도 많이 활용되지만 항균성이 있어서 예로
　　부터 민간 치료제로 쓰였습니다. A 고대 이집트에서는 기름과 섞어
　　서 외상 치료제로 썼다던가, 충치 치료제로 썼다는 기록이 발견되기
　　도 했습니다. 요즘에도 입안이 헐었을 때 그 부위에 꿀을 바르거나,
　　B 혈액순환을 도와 손과 발이 찬 사람에게 도움이 된다고 하여 뜨거
　　운 물에 꿀을 타서 먹는 사람이 많습니다. C 꿀은 피부 미백과 탄력
　　증진에도 효능이 있는 것으로 인정받아 화장품에 첨가물로도 들어
　　가고 있습니다. 특히 꿀과 여러 가지 부가재료를 활용하여 얼굴이나
　　몸에 바르는 팩으로 많이 만들어지고 있습니다.

女性：蜂蜜は甘みがあるため、食べ物にも多く活用されていますが、抗菌性
　　があるので古くから民間の治療薬として使われてきました。A 古代
　　エジプトでは油と混ぜて外傷の治療薬として使っていたり、虫歯の治

164

療薬として使っていたという記録が見つかっています。最近も、口の中がただれたときにその部位に蜂蜜を塗ったり、**B** 血液循環をよくするので手足が冷たい人の役に立つということから、お湯に蜂蜜を入れて飲む人が多くいます。**C** 蜂蜜は肌の美白や弾力増進にも効能があると認められ、化粧品にも添加物として入っています。特に、蜂蜜にいろいろな材料を加えて活用した顔や体に塗るパックが多く作られています。

33. 何に関する内容か正しいものを選びなさい。
① 蜂蜜の多様な味
② 蜂蜜のさまざまな効能
③ 蜂蜜を入れて作った食べ物
④ 蜂蜜を活用した治療薬の開発

> 正解②
>
> 蜂蜜の持つさまざまな効能について説明している。食べ物に活用されるだけでなく、各種の治療薬として使われており、**B** と **C** で、血液循環を助け、肌にも良いという話をしているので②が正解。

34. 聞いた内容として正しいものを選びなさい。
① 蜂蜜をそのまま肌に塗ると、美白効果がさらに大きい。
② 古代エジプトで初めて蜂蜜を食べ物に活用した。
③ 肌の弾力のために蜂蜜を水に入れて飲むのがよい。
④ 蜂蜜をお湯に入れて飲むと手足が温かくなる。

> 正解④
>
> ① → **C** で美白効果があると言っているが、そのまま塗るという内容は話されていない。
> ② → **A** で古代エジプトでは外傷や虫歯の治療薬として使っていたという記録が発見されたと言っている。

③ → **C**で化粧品の添加物として入っていると言っている。
④ → **B**で手足が冷たい人に役立つと言っている。

単語 □꿀 蜂蜜 □항균성 抗菌性 □민간 民間 □외상 外傷
□충치 虫歯 □혈액순환 血液循環，血行 □미백 美白
□탄력 弾力 □증진 増進 □첨가물 添加物
□부가재료 付加材料 □팩 パック

※ [35-36] 次の音声を聞いて問いに答えなさい。(各2点)

남자 : 30년 넘는 세월 동안 한결같이 **A**최고의 성악가로 활동 중인 김수미
씨는 **B**아시아 출신으로는 드물게 오페라의 본고장 이탈리아에서
인정을 받았습니다. 이탈리아 명문 음악 학교 유학 시절, **C**5년 과
정을 2년 만에 마치고 졸업한 기록과 이 **D**2년 동안 무려 7개의 성
악 경연대회에서 우승한 기록은 아직까지도 깨지지 않고 있습니다.
김수미 씨 특유의 아름다운 음색과 뛰어난 성량은 지금까지도 변함
없이 우리에게 기쁨과 감동을 안겨주고 있는데요. 자 여러분, 올해
의 음악인상 수상자, 오페라의 여왕 김수미 씨를 큰 박수로 맞이해
주십시오.

男性 : 30年以上の歳月を変わらず**A**最高の声楽家として活動しているキム・
スミさんは、**B**アジア出身では珍しくオペラの本場イタリアで認めら
れました。イタリアの名門音楽学校留学時代、**C**5年課程を2年
で終えて卒業した記録と、この**D**2年間で実に7つの声楽コンクー
ルで優勝した記録は未だに破られていません。キム・スミさん特有の
美しい音色と際立った声量は、今も変わらず私たちに喜びと感動を与
えてくれています。さあ、皆さん、今年の音楽人賞の受賞者、オペラ
の女王キム・スミさんを大きな拍手でお迎えください。

166

35. 男性は何をしているのか選びなさい。

① オペラコンクールの進行をしている。

② イタリアオペラの歴史について講義している。

③ 今年の音楽人賞の候補者を列挙している。

④ 今年の音楽人賞の受賞者を紹介している。

正解 ④

男性は声楽家のキム・スミさんの業績を紹介しているが、最後の部分でキム・スミさんが今年の音楽人賞の受賞者であることがわかる。したがって、④が正解。

36. 聞いた内容として正しいものを選びなさい。

① キム・スミは今は声楽家として活動していない。

② キム・スミは他の人より教育課程を早く終えた。

③ イタリアで認められたアジア出身の声楽家はたくさんいる。

④ キム・スミほど声楽コンクールで多く優勝した声楽家はいない。

正解 ②

① → A から、今も活動していることがわかる。

② → C の5年間の過程を2年で終えたという内容と合う。

③ → B で、イタリアで認められたアジア出身の声楽家は珍しいと言っている。

④ → D で、2年間で7つのコンクールで優勝したとあるが、最も多く優勝したとは言っていない。

単語　□한결같다 一途だ　□성악가 声楽家　□출신 出身
　　　□본고장 本場　□인정을 받다 認められる　□명문 名門
　　　□기록이 깨지다 記録が破られる　□음색 音色　□성량 声量

남자: 교수님께서 개발하신 AI 로봇을 독거노인 50분께 선물하셨다고 들었어요.

여자: 네, 돌봄 AI 로봇이라는 건데 겉보기엔 아기처럼 생긴 인형이에요. Ａ이 로봇은 노인분들을 매일 아침 같은 시간에 깨우고, 식사 시간을 알리고 약을 드시라는 말도 합니다. 그런데 일방적인 알림 수준이 아니라 "일어나셨으면 저를 안아주세요.", "약을 드셨으면 제 오른손을 꽉 잡아주세요." 같은 말로 노인들과 상호작용을 한다는 것이 특징입니다. Ｂ노인분들의 질문에 답을 하거나 행동에 반응을 하기도 합니다. 저는 인간과 교감하는 이 로봇을 통해서 AI 기술 분야에서 연구해야 할 주제를 제시하고 싶어요.

男性：教授が開発したAIロボットを一人暮らしのお年寄り50人にプレゼントされたとお聞きしました。

女性：はい、介護AIロボットというものですが、見た目は赤ちゃんのような人形です。Ａこのロボットはお年寄りを毎朝同じ時間に起こして、食事の時間を知らせたり、薬を飲むように言ったりします。しかし、一方的な通知ではなく、「起きたら私を抱きしめてください」、「薬を飲み終わったら、私の右手をぎゅっと握ってください」といった言葉でお年寄りと相互作用（やりとり）をするのが特徴です。Ｂお年寄りの質問に答えたり、行動に反応したりもします。私は人間と交感する（心を通わす）このロボットを通じてAI技術分野で研究すべきテーマを提示したいと思っています。

37. 女性の中心となる考えとして適切なものを選びなさい。

① AI技術もよいが、人と人との交流が最も重要である。

② 介護AIロボットは正確な時間にすべきことを教えてくれるのでよい。

③ より多様な機能を備えた介護AIロボットが早く開発されなければならない。

④ 今後、AI技術の研究は人間との交感をテーマに進められるべきである。

女性は自分が開発したロボットの特徴は人間との相互作用（やりとり）と
交感（心を通わすこと）だと強調し、このような技術がもっと研究されて
ほしいと言っているので、④が正解。

38. 聞いた内容と一致するものを選びなさい。
① 介護AIロボットの主な機能は食事時間の通知である。
② 介護AIロボットは子供とお年寄りのために作られた。
③ お年寄りと介護AIロボットは話を交わすことができる。
④ 女性は技術開発のためにお年寄りにロボットをプレゼントした。

① → Ａ から、食事時間の通知だけでなく、さまざまな機能があることが
　　わかる。
② → このような内容は話されていない。
③ → Ｂ のお年寄りの質問に答えるという内容と合う。
④ → 女性がお年寄りにロボットをプレゼントした理由は話されていない。

単語　□AI로봇 AIロボット　□겉보기 見た目　□일방적이다 一方的だ
　　　□안아주다 抱きしめる　□꽉 ぎゅっと
　　　□상호작용 相互作用（やりとり）　□교감 交感（心を通わすこと）

※ [39-40] 次は対談です。よく聞いて問いに答えなさい。（各2点）

여자 : 그러니까 소리로 구성된 상표를 소리 상표라고 하는데, 이제는 이것
　　　을 법으로 보호받을 수 있다는 말씀이신거죠?
남자 : 네 그렇습니다. Ａ 소리 상표도 지식재산이라고 판단해서 상표권을
　　　부여하는 거죠. 소리 상표는 마케팅의 주요한 수단이기 때문에 그 소
　　　리를 출원한 Ｂ 기업이나 개인이 소유권을 갖게 됩니다. Ｃ 한 기업이

1990년대 초반부터 사용해오던 광고 음악이나 짧은 로고송의 리듬을 비롯해서 어느 개그맨의 유행어도 소리 상표로 등록되어 있습니다. 심지어는 콜라 광고에 쓰이는 D뚜껑을 따는 효과음도 등록되어 있고요. 소리 역시 창작자의 노력과 아이디어로 만들어진 창작의 결과물이기 때문에 창작자가 독점적으로 사용할 권리를 보장받을 수 있습니다.

女性：つまり、音で構成された商標を音商標と呼んでいて、今はこれを法律で保護してもらえるということですね。

男性：はい、そうです。A音商標も知的財産だと判断し、商標権を付与するのです。音商標はマーケティングの主要な手段であるため、その音を出願したB企業や個人が所有権を持つことになります。Cある企業が1990年代初めから使用してきた広告音楽や短い企業のテーマソングのリズムをはじめ、コメディアンの流行語も音商標として登録されています。さらにはコーラの広告に使われるDふたを開ける効果音も登録されています。音も創作した人の努力とアイデアで作られた創作の成果物であるため、創作した人が独占的に使用する権利が保障されます。

39. この談話の前にくる内容として適切なものを選びなさい。
① これからは音商標にも商標権が付与される。
② 音商標を出願する手続きが簡単になった。
③ 個人で音商標を出願する場合がある。
④ 画面より音を強調した広告が流行っている。

正解 ①
女性の言う法律で保護されるというのは商標権が付与されるという意味なので、①が正解。

40. 聞いた内容と一致するものを選びなさい。

① 音商標の所有権は企業だけが持つことができる。

② 音商標は知的財産として認められない。

③ 音楽だけでなく効果音も創作物として認められる。

④ 広告に使われる音楽のみ音商標として登録できる。

正解 ③

① → **B**で、企業と個人の両方が持つことができると言っている。

② → **A**の内容と反対。

③ → **D**で、効果音も創作物として認められ、音商標として登録されていると言っている。

④ → **C**から、広告音楽、企業のテーマソングのリズム、流行語などを音商標として登録できることがわかる。

単語　□**구성되다** 構成される　□**상표** 商標　□**지식재산** 知的財産
　　　□**판단하다** 判断する　□**부여하다** 付与する　□**출원하다** 出願する
　　　□**소유권** 所有権　□**로고송** 企業テーマソング　□**효과음** 効果音
　　　□**창작자** 創作者　□**독점적** 独占的　□**보장받다** 保障される

※ [41-42] 次は講演です。よく聞いて問いに答えなさい。（各2点）

여자. 두 명의 용의자가 경찰 조사를 받고 있습니다. 만약 이 두 사람이 협력해서 범죄 사실을 숨기면 둘 다 형량이 낮아질 수 있습니다. 하지만 두 사람은 상대방의 범죄 사실을 경찰에게 알려주면 자신의 형량이 줄어든다는 말에 상대방의 범죄를 폭로합니다. 결국 두 사람은 모두 무거운 형량을 받게 되는데 이것이 바로 **A**심리학에서 말하는 '죄수의 딜레마'입니다. **B**서로 협력하는 것이 가장 좋은 상황에서 서로를 믿지 못하고 배신함으로써 모두에게 나쁜 결과를 초래하는 일은 **C**우리의 일상에서도 쉽게 찾아볼 수 있습니다. 과도한 할인 경쟁으로 인해 오히려 손해를 보는 가게, 나만 가만히 있을 수 없다는 마음으로 시작하는 사교육이 그 예이지요. 상호 신뢰를 바탕으로 사회의 약속이 잘 지켜질 때 가장 좋은 결과를 가져온다는 점을 잊지 말아야겠습니다.

女性：二人の容疑者が警察の取り調べを受けています。もしこの二人が協力して犯罪の事実を隠せば、二人とも量刑が軽くなる可能性があります。しかし、二人は相手の犯罪の事実を警察に知らせれば、自分の量刑が軽くなるという言葉で、相手の犯罪を暴露します。結局、二人はどちらも重い刑罰を受けることになりますが、これがすなわち A 心理学でいう「囚人のジレンマ」です。 B 互いに協力することが最も良い状況で、互いを信じられず裏切ることによってどちらにも悪い結果をもたらすことは、 C 私たちの日常でもよく見られます。過度な割引競争によってかえって損をする店、自分だけ何もしないわけにはいかないという気持ちで始める私教育がその例でしょう。相互の信頼を基に社会の約束がちゃんと守られるとき、最も良い結果をもたらすという点を忘れてはなりません。

41. この講演の中心となる内容として正しいものを選びなさい。
① 自分より相手に配慮するとき、良い結果が得られる。
② 相互協力も重要であるが、自分の利益をまず考えなければならない。
③ 相手を信じて行動するだけでは良い結果は得られない。
④ 良い結果を得るためには、互いを信じて協力することが重要である。

正解 ④
女性は「囚人のジレンマ」現象を説明し、互いに協力しながら信頼し合うことが重要だと言っている。したがって、④が正解。

42. 聞いた内容と一致するものを選びなさい。

① 「囚人のジレンマ」現象は日常でその事例を探すのは難しい。

② 「囚人のジレンマ」現象は主に犯罪学で研究している。

③ 社会で定められた約束（社会的な決まり事）を破って双方が損をするケースが多い。

④ 「囚人のジレンマ」とは双方が協力して良い結果になったときに使う言葉である。

正解 ③

① → **C** の内容と反対。

② → **A** から、心理学で話されていることがわかる。

③ → **B** で、社会の約束（決まり事）を破るとどちらも悪い結果をもたらすと言っている。

④ → **B** から、互いに協力しなかったため、悪い結果になったときに使う言葉とわかる。

単語　□용의자 容疑者　□범죄 犯罪　□형량 量刑
　　　□폭로하다 暴露する　□죄수 囚人　□딜레마 ジレンマ
　　　□배신하다 裏切る　□초래하다 招く（もたらす）
　　　□사교육 私教育　□상호 신뢰 相互信頼

※ [43-44] 次はドキュメンタリーです。よく聞いて問いに答えなさい。
（各2点）

남자: 황제펭귄은 혹독한 추위로 모든 생명체가 사라진 초겨울, 남극 대륙을 찾아와 번식하는 유일한 생명체이다. 그렇기 때문에 황제펭귄의 새끼들은 영하 40~50도를 넘나드는 혹한 속에 태어나 자라게 된다. 얼음뿐인 서식지에서 황제펭귄 수컷은 두 발 위에 자신의 새끼를 얹고 배로 덮어서 정성껏 키운다. 황제펭귄의 몸은 지방층이 두껍고 보온 효과가 있는 털로 덮여 있기는 하지만 맨몸으로 추위와 매서운 바

람을 이겨내기란 쉽지 않다. 그래서 '허들링'이라는 방법을 사용하는 황제펭귄 수컷들. '허들링'이란 둥근 형태로 모여 선 후 한쪽 방향으로 천천히 움직이면서 서로의 위치를 바꾸는 것이다. Ａ바깥쪽에 있는 펭귄들의 몸이 얼어 갈 때, 원 안쪽으로 들어가고, 안쪽에 있던 펭귄이 바깥쪽으로 나오는 것이다. 새끼를 품은 불편한 몸으로 빙빙 돌면서 추위를 이겨내는 자연에서 터득한 생존법이다.

男性：コウテイペンギンは、厳しい寒さですべての生命体が消えた初冬、南極大陸を訪れて繁殖する唯一の生命体である。そのため、コウテイペンギンの子は氷点下 40 〜 50 度を越える酷寒の中で生まれ育つことになる。氷だけの生息地でコウテイペンギンのオスは両足の上に自分の子を乗せ、おなかで覆って大切に育てる。コウテイペンギンの体は脂肪層が厚く、保温効果のある毛で覆われてはいるが、裸で寒さと厳しい風を乗り越えることは容易ではない。それで「ハドリング」という方法を使うコウテイペンギンのオスたち。「ハドリング」とは丸い形に集まって立った後、一方向にゆっくり動きながら互いの位置を替えることである。Ａ外側にいるペンギンの体が凍ってくると、円の内側に入り、内側にいたペンギンが外側に出てくるのである。子を抱いた不自由な体でぐるぐる回りながら寒さを乗りきる自然から学んだ生存法である。

43. この話の中心となる内容として正しいものを選びなさい。

① コウテイペンギンは子を保護するため南極にやってくる。
② コウテイペンギンのオスは寒さに耐える特別な方法がある。
③ 南極はコウテイペンギンをはじめとする多くの生命体の主要な生息地である。
④ 厳しい寒さのため、コウテイペンギンのオスの数が徐々に減っている。

正解 ②

南極大陸に生息するコウテイペンギンについてのドキュメンタリー。特に

174

氷点下の寒さに耐えるコウテイペンギンのオスの「ハドリング」について紹介しているので、②が正解。

44. コウテイペンギンのオスが「ハドリング」をするとき、動き続ける理由として正しいものを選びなさい。
① 外側のペンギンと場所を替えるため
② 内側にいるペンギンが窮屈であるため
③ 群れの外側のほうが温度が高いため
④ 足の上に乗せておいた子が動くため

正解 ①

Ａ から、外側のペンギンと内側のペンギンが互いの位置を替えるために動くとわかるので、①が正解。

単語　□황제펭귄 コウテイペンギン　□혹독하다 厳しい、過酷だ
　　　□생명체 生命体　□사라지다 消える　□남극 南極
　　　□번식하다 繁殖する　□혹한 酷寒　□서식지 生息地
　　　□수컷 オス　□얹다 載せる　□덮다 覆う　□정성껏 丹念に
　　　□지방층 脂肪層　□보온 保温　□매섭다 厳しい
　　　□터득하다 会得する

※ [45-46] 次は講演です。よく聞いて問いに答えなさい。（各2点）

여자 : 습도는 공기 중에 포함된 수분의 비율을 의미하는데, Ａ 이 습도가 40에서 60퍼센트 사이일 때 사람들이 가장 편안함을 느낀다고 합니다. 그래서 고온다습한 여름철이 되면 Ｂ 실내 습도 조절을 위해 제습기를 사용하는 분들이 많습니다. 제습기는 습한 공기를 팬을 돌려 빨아들인 뒤 냉각장치를 통해 온도를 낮춥니다. 갑자기 온도가 낮아진 공기는 응축되며 물로 변합니다. 찬물을 담은 컵의 표면에 물방울

이 맺히는 것과 같은 원리인 것이지요. 이렇게 C 습기가 제거된 건조한 공기를 다시 데워서 밖으로 배출하면 실내 습도가 낮아지게 되는 겁니다. 배출된 뜨거운 공기로 인해 실내 온도가 높아지는 단점이 있지만 물통만 비워주면 되는 D 간편한 관리법과 부담 없는 전기 요금으로 제습기의 인기는 나날이 높아지고 있습니다.

女性：湿度は空気中に含まれている水分の割合を意味しますが、A この湿度が40〜60パーセントの間のとき、人々は最も快適さを感じるそうです。そのため、高温多湿な夏になると B 室内の湿度の調節のために除湿機を使う人が多いです。除湿機は湿った空気をファンを回して吸い込んだ後、冷却装置によって温度を下げます。急激に温度が下がった空気は凝縮され、水に変わります。冷水を入れたコップの表面に水滴がつくのと同じ原理です。このように、C 湿気が除去された乾燥した空気を再び温めて外に排出すると室内湿度が下がることになります。排出された熱い空気で室内温度が高くなるという短所はありますが、水タンクだけを空にすればよいという D 簡単な管理方法と負担のない電気代のため、除湿機の人気は日に日に高まっています。

45. 聞いた内容と一致するものを選びなさい。
① 夏場の室内湿度は低ければ低いほど健康によい。
② 除湿機は乾燥した空気を吸い込みながら室内温度を上げる。
③ 除湿機は空気中の湿気を除去するために冷却装置を利用する。
④ 除湿機は管理が大変で、電気代も高いという短所がある。

正解 ③

① → A で人が快適に感じる湿度について述べているが、夏場の湿度と健康との関係については話されていない。

② → C で、乾燥した空気が再び排出されることで、室内温度が高くなると言っている。

③ → **B**から、除湿機は湿度の調整のためのもので、冷却装置を利用することがわかる。

④ → **D**の内容と反対。

46. 女性の話し方として最も適切なものを選びなさい。

① 除湿機と複数の機械を比較している。

② 除湿機の作動原理を説明している。

③ 除湿機を作る過程を説明している。

④ 除湿機の内部装置の形態を描写している。

正解 ②

女性は除湿機がどのように空気中の湿度を下げるのか、その過程について詳しく説明しているので、②が正解。

単語　□**고온다습** 高温多湿　□**제습기** 除湿機　□**팬** ファン
　　　□**빨아들이다** 吸い込む　□**냉각장치** 冷却装置
　　　□**응축되다** 凝縮される　□**표면** 表面
　　　□**물방울이 맺히다** 水滴がつく　□**원리** 原理
　　　□**제거되다** 除去される　□**건조하다** 乾燥する
　　　□**데우다** 温める　□**배출하다** 排出する

※ [47-48] 次は対談です。よく聞いて問いに答えなさい。(各2点)

여자: 가끔 바닷가에서 검정색 잠수복을 입고 작업 중인 해녀를 본 적은 있는데요, 해녀 학교는 처음 듣습니다.

남자: 네, 해녀 학교는 해녀들의 고령화와 작업 조건의 어려움 등으로 점차 **A**사라져가는 해녀 문화를 다음 세대에 전수하고자 하는 취지에서 세워졌습니다. **B**아무런 장치 없이 바닷물에 들어가서 조개나 해조류를 캐는 **C**해녀는 체내 압력과 호흡을 효과적으로 조절할 줄 알아

야 하기 때문에 훈련이 필요합니다. 해녀 학교에서는 이런 전문적인
교육을 하고 있지만 D지역 단체와 시민들의 외면으로 폐교 위기에
처해 있습니다. 인류의 독특한 문화유산인 이 해녀 문화를 지키는 것
은 우리 지역 사회의 공통 과제입니다. 학교 유지를 위해 많은 분들
의 적극적인 예산 지원과 관심이 필요합니다.

女性：たまに海辺で黒い潜水服を着て作業中の海女を見たことはありますが、
　　　海女学校は初めて聞きます。

男性：はい、海女学校は海女の高齢化や作業条件の難しさなどで、次第に
　　　A消えていく海女文化を次の世代に伝えようという趣旨で設立され
　　　ました。B何の装置も持たずに海に入って貝や海藻類を採る海女は、
　　　C体内の圧力と呼吸を効果的に調節できなければならないため、ト
　　　レーニングが必要です。海女学校ではこのような専門的な教育を行っ
　　　ていますが、D地域団体や市民の無関心で廃校の危機に瀕していま
　　　す。人類の独特の（ユニークな）文化遺産であるこの海女文化を守る
　　　ことは、私たちの地域社会の共通の課題です。学校の維持のために多
　　　くの方々の積極的な予算支援と関心が必要です。

47. 聞いた内容と一致するものを選びなさい。
① 海女学校は新しい雇用創出のために設立された。
② 海女は水に入るとき、いろいろな装置が必要である。
③ 海女学校は生徒が減って廃校の危機に瀕している。
④ 海女は水中で圧力と呼吸をうまく調節しなければならない。

正解 ④

① → A の趣旨とは異なる。
② → B で、何の装置もなしに海中に入ると言っている。
③ → D で、地域団体や市民の無関心のせいで廃校の危機だと言っている。
④ → C の内容と同じ。

48. 男性の態度として最も適したものを選びなさい。

① 海女学校の運営の問題点を指摘している。

② 海女学校の維持のための支援を呼びかけている。

③ 海女文化の独創性と優秀性を宣伝している。

④ 海女学校が地域社会に及ぼす効果を予測している。

正解 ②

最後の文で地域団体と市民に向けて支援を呼びかけているので、②が正解。

単語　□잠수복 潜水服　□해녀 海女　□고령화 高齢化

　　　□전수하다 伝授する　□취지 趣旨　□해조류 海藻類

　　　□캐다 採る　□체내 体内　□압력 圧力　□호흡 呼吸

　　　□외면 無関心　□폐교 廃校　□예산 予算

※ [49-50] 次は講演です。よく聞いて問いに答えなさい。（各2点）

여자: 여러분, '짐작하다'라는 말의 유래를 아십니까? 여러 가지 설이 있지
　　　만, '짐'은 속이 안 보이는 불투명한 술병을 뜻하고, '작'은 술을 따른
　　　다는 뜻입니다. 병 안에 ▲술이 얼마나 남았는지 모르지만 잘 생각
　　　해가며 술을 따르는 상황에서 '짐작하다'라는 말이 만들어진 것이지
　　　요. 또 한 가지, '황당하다'는 의미를 지닌 '어처구니가 없다.'라는 말
　　　의 '어처구니'는 사실 ᴮ콩을 갈 때 쓰는 맷돌의 손잡이를 가리키는
　　　말입니다. 어떤 일을 할 때 꼭 필요한 물건이 없는 상황에서 '어처구
　　　니가 없다.'라는 말을 하게 된 것이지요. 이렇게 알고 보면 재미있는
　　　우리말이 많습니다. 하지만 ᴄ요즘 학생들은 우리말에 대한 관심이
　　　거의 없고, 심지어는 잘못 사용하는 말도 적지 않습니다. ᴰ옛 문화
　　　도 엿볼 수 있고 조상들의 깊은 뜻도 헤아릴 수 있는 우리말에 대한
　　　관심이 필요합니다.

女性：皆さん、「짐작하다（推測する）」という言葉の由来をご存知でしょう
か。諸説ありますが、「짐」は中身の見えない不透明な酒瓶を意味し、
「작」は酒を注ぐという意味です。瓶の中に A 酒がどれくらい残って
いるのかわからないが、よく考えながらお酒を注ぐ状況で「짐작하다
（推測する）」という言葉が作られたわけです。もう一つ、「呆れる」
という意味を持つ「어처구니가 없다」という言葉の「어처구니」は、
実は B 豆を挽くときに使う臼の取っ手を指す言葉です。ある仕事を
するときに必要な物がない状況で「어처구니가 없다」という言葉を
使うようになったわけです。このように理解すると面白い韓国語が多
いです。しかし C 最近の学生たちは韓国語に対する関心がほとんど
なく、その上、間違って使う言葉も少なくありません。 D 昔の文化
も垣間見ることができ、先人たちの深い考えも理解できる韓国語に対
する関心が必要です。

49. 聞いた内容と一致するものを選びなさい。

① 言葉の由来をよく調べてみると、先人の文化や知恵を学ぶことができる。

②「짐작하다（推測する）」という言葉は、昔は今の意味とは全く違う意味
で使われていた。

③ 最近の学生は「짐작하다（推測する）」のような韓国語の由来をよく知っ
ている。

④「어처구니」は「必要な物」という意味だったが、次第に意味が変わって
きた。

正解 ①

① → D の内容と同じ。

② → A から、「짐작하다（推測する）」という言葉は昔から今と似た意味
で使われていたことがわかる。

③ → C で最近の学生たちは韓国語に対する関心がなく、と言っているの
で、韓国語の由来をよく知らないと考えられる。

④ → B で、「어처구니」は必要な物である「臼の取っ手」を指すと言っており、意味が変わったとは言っていない。

50. 女性の態度として最も適切なものを選びなさい。
① 言葉の意味の変化について懸念している。
② 先人の言語習慣を高く評価している。
③ 純粋な韓国語を使わない人たちを非難している。
④ 学生たちに韓国語への関心を促している。

正解 ④

女性は講演の前半部分で韓国語の由来を説明し、最後の部分で、最近の学生たちの韓国語への無関心さを残念に思い、関心が必要だと言っているので④が正解。

単語　□짐작하다 推測する　□유래 由来　□설 説
　　　□황당하다 呆れる、荒唐無稽だ　□갈다 挽く　□맷돌 臼
　　　□엿보다 垣間見る　□헤아리다 察する

著者
イ・ヘリム、チュ・ヘリム、ファン・チソン

日本語翻訳
モク・ジュンス

よくわかる　韓国語能力試験　TOPIK II
聞き取り　問題集

2024 年 2 月 27 日　初版第 1 刷発行

著　者　　イ・ヘリム、チュ・ヘリム、ファン・チソン
発行者　　藤嵜政子
発　行　　株式会社スリーエーネットワーク
　　　　　〒102-0083　東京都千代田区麹町 3 丁目 4 番
　　　　　　　　　　　トラスティ麹町ビル 2 F
　　　　　電話　営業　03（5275）2722
　　　　　　　　編集　03（5275）2725
　　　　　https://www.3anet.co.jp/
印　刷　　萩原印刷株式会社

ISBN978-4-88319-933-4　C0087

よくわかる

韓国語能力試験

TOPIK II

聞き取り 問題集

別冊 模擬試験

スリーエーネットワーク

◀))音声について

　下記のサイトの［補助教材］から、ダウンロードまたはストリーミング再生で、音声ファイルをご利用いただけます。音声を通しで再生する場合は、以下のファイル名の音声をご利用ください。

第1回模試　➡「00 dai_1_moshi」
第2回模試　➡「00 dai_2_moshi」

https://www.3anet.co.jp/np/books/4512/

제1회
실전모의고사

TOPIK II
(중·고급)

듣기
(Listening)

수험번호(Registration No.)		
이름 (Name)	한국어(Korean)	
	영 어(English)	

유의사항

Information

1. 시험 시작 지시가 있을 때까지 문제를 풀지 마십시오.

   Do not open the booklet until you are allowed to start.

2. 접수번호와 이름은 정확하게 적어 주십시오.

   Write your name and registration number on the answer sheet.

3. 답안지를 구기거나 훼손하지 마십시오.

   Do not fold the answer sheet; keep it clean.

4. 답안지의 이름, 접수번호 및 정답의 기입은 컴퓨터용 펜을 사용하여
   주십시오.

   Use the optical mark reader(OMR) pen only.

5. 정답은 답안지에 정확하게 표시하여 주십시오.

   Mark your answer accurately and clearly on the answer sheet.

   marking example

6. 문제를 읽을 때에는 소리가 나지 않도록 하십시오.

   Keep quiet while answering the questions.

7. 질문이 있을 때에는 손을 들고 감독관이 올 때까지 기다려 주십시오.

   When you have any questions, please raise your hand.

TOPIK Ⅱ 듣기 (1번 ~ 50번)

※ [1-3] 다음을 듣고 알맞은 그림을 고르십시오. (각 2점)

1. ①  ②

③  ④

2. ①  ②

③  ④

3.

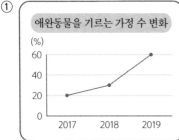

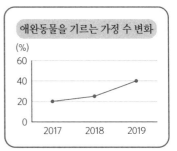

※ [4-8] 다음 대화를 잘 듣고 이어질 수 있는 말을 고르십시오. (각 2점)

4. ① 그 책이 정말 유명하거든요.
   ② 소설책인데 찾을 수가 없네요.
   ③ 전 책을 별로 좋아하지 않아서요.
   ④ 책을 빨리 반납하라고 전화했어요.

5. ① 글쎄, 나는 오늘 좀 바쁜데.
   ② 분위기 좋은 커피숍은 어때?
   ③ 싸우다니? 너희 사이좋잖아.
   ④ 어제 갑자기 화내서 미안해.

6. ① 그럼 민철 씨 전화번호 좀 가르쳐 줄래요?
   ② 민철 씨는 중국어뿐만 아니라 영어도 잘해요.
   ③ 그래요? 저도 민철 씨하고 아주 친하게 지내요.
   ④ 저도 중국어를 잘하는데 민철 씨를 도와줘야겠군요.

7. ① 아무도 모르는 것 같아요.
   ② 메일을 한번 확인해 보세요.
   ③ 듣기는 했는데 잘 모르겠어요.
   ④ 학교 사무실에서 신청할 수 있어요.

8. ① 저도 너무 슬퍼서 울었어요.
   ② 스트레스가 쌓이면 좀 쉬세요.
   ③ 저도 화장실에서 봤는데 반가웠어요.
   ④ 무슨 일이 있는지 한번 물어볼까요?

※ **[9-12] 다음 대화를 잘 듣고 <u>여자</u>가 이어서 할 행동으로 알맞은 것을 고르십시오. (각 2점)**

9. ① 발표를 한다.
   ② 자료를 찾는다.
   ③ 자료를 정리한다.
   ④ 친구에게 전화를 한다.

10. ① 파마를 한다.
    ② 근처 가게에 간다.
    ③ 전화로 예약을 한다.
    ④ 손님에게 전화를 한다.

11. ① 노란색 재킷을 입는다.
    ② 파란색 원피스를 입는다.
    ③ 다음에 입을 옷을 찾는다.
    ④ 다른 모델 옷을 준비한다.

12. ① 가방을 빌린다.
    ② 가방을 찾는다.
    ③ 가방을 비운다.
    ④ 가방을 가져온다.

※ **[13-16] 다음을 듣고 내용과 일치하는 것을 고르십시오. (각 2점)**

13. ① 여자는 주말에 친구들과 등산을 했다.
    ② 여자는 동료들과 친하게 지내고 싶어한다.
    ③ 이 회사에서는 한 달에 두 번씩 등산한다.
    ④ 남자는 등산 후 뒤풀이에 참석하지 않았다.

14. ① 아이는 여성복 매장 근처에서 발견되었다.
    ② 아이의 부모는 초록색 티셔츠를 입고 있다.
    ③ 아이는 5살 먹은 남자 아이로 청바지를 입었다.
    ④ 아이의 부모는 3층 쇼핑몰 사무실로 가야 한다.

15. ① 시민 도서관은 9월에 개관할 것이다.
    ② 2층부터 4층까지는 열람실로 사용될 것이다.
    ③ 시민 도서관에서는 여러 강좌가 열릴 것이다.
    ④ 도서관에는 청소년들을 위한 공간이 따로 없다.

16. ① 최근에 역사에 대한 관심이 줄고 있다.
    ② 이 박물관의 강좌는 매주 금요일에 열린다.
    ③ 강좌에 참여하기 위해서는 미리 신청해야 한다.
    ④ 박물관에서는 아이들을 위한 강좌도 진행되고 있다.

※ **[17~20] 다음을 듣고 남자의 중심 생각을 고르십시오. (각 2점)**

17. ① 시골의 한적한 삶이 갖는 장점이 있다.
    ② 젊은이에게는 도전적인 자세가 필요하다.
    ③ 젊은 세대의 다양한 태도를 존중해야 한다.
    ④ 도시뿐 아니라 시골에도 젊은이가 필요하다.

18. ① 휴대폰은 교육적이지 않다.
    ② 대화는 중요한 교육 수단이다.
    ③ 학생을 혼내는 것은 좋지 않다.
    ④ 때로는 적절한 훈육이 필요하다.

19. ① 커피숍은 커피의 맛이 가장 중요하다.
    ② 인터넷의 정보를 모두 믿을 수는 없다.
    ③ 좋은 추억을 위해서는 사진이 중요하다.
    ④ 커피숍의 인기는 여러 가지로 결정된다.

20. ① 번역은 관객의 영화 이해를 도와야 한다.
    ② 번역은 영화에서 매우 중요한 역할을 한다.
    ③ 번역할 때는 한국의 특수성을 드러내야 한다.
    ④ 번역은 대사를 그대로 옮기는 것이 중요하다.

※ **[21~22] 다음을 듣고 물음에 답하십시오. (각 2점)**

21. 남자의 중심 생각으로 맞는 것을 고르십시오.
    ① 강의 주제 선택은 학생들이 해야 한다.
    ② 강의 주제는 교육적 효과가 있어야 한다.
    ③ 강의 주제는 최근의 유행을 반영해야 한다.
    ④ 학생들을 위한 다양한 강의가 준비돼야 한다.

22. 들은 내용으로 맞는 것을 고르십시오.
    ① 최근에 개인 방송에 대한 관심이 줄고 있다.
    ② 지난 강의는 학생들에게 좋은 평가를 받았다.
    ③ 이곳은 강의 후 학생들에게 강의 평가를 받는다.
    ④ 다음 강의에는 개인 방송 제작자가 초대될 것이다.

※ **[23-24] 다음을 듣고 물음에 답하십시오. (각 2점)**

23. 남자가 무엇을 하고 있는지 고르십시오.
    ① 회의실을 예약하고 있다.
    ② 회의 장소를 찾아보고 있다.
    ③ 회의 장소를 변경하고 있다.
    ④ 회의실에 대해 물어보고 있다.

24. 들은 내용으로 맞는 것을 고르십시오.
    ① 남자는 10인 회의실을 예약했다.
    ② 이 호텔에는 10인 회의실만 있다.
    ③ 노트북을 사용하려면 가져와야 한다.
    ④ 이 회의실은 식사하면서 회의를 할 수 있다.

※ **[25-26] 다음을 듣고 물음에 답하십시오. (각 2점)**

25. 남자의 중심 생각으로 알맞은 것을 고르십시오.
    ① 회사의 일보다 가정의 일이 중요하다.
    ② 가정 내에서 부부가 서로 도와야 한다.
    ③ 가정 내에서 여자가 해야 하는 일이 있다.
    ④ 가정 내에서 여자가 하기 어려운 일이 있다.

26. 들은 내용으로 맞는 것을 고르십시오.
① 지금 남자는 회사에 다니고 있다.
② 남자가 쓴 '살림하는 남자'는 소설이다.
③ 생각보다 집안일과 육아는 어렵지 않다.
④ 남자는 집안일을 여자의 일이라고 생각했었다.

※ **[27-28] 다음을 듣고 물음에 답하십시오. (각 2점)**

27. 여자가 남자에게 말하는 의도를 고르십시오.
① 운전면허 학원을 홍보하기 위해
② 충분한 운전 연습을 권유하기 위해
③ 운전 면허의 필요성을 알리기 위해
④ 운전에서 자신감의 중요성을 알리기 위해

28. 들은 내용으로 맞는 것을 고르십시오.
① 여자는 운전을 연습하고 있다.
② 남자는 오래전에 면허를 땄다.
③ 남자는 자신의 자동차로 운전을 한다.
④ 남자의 친구는 최근에 경주에 갔다왔다.

※ **[29-30] 다음을 듣고 물음에 답하십시오. (각 2점)**

29. 남자는 누구인지 맞는 것을 고르십시오.
① 아이들을 가르치는 사람
② 아이들과 상담을 하는 사람
③ 아이들과 음식을 만드는 사람
④ 아이들과 그림을 그리는 사람

30. 들은 내용으로 맞는 것을 고르십시오.
    ① 이전에는 남자를 찾는 아이들이 없었다.
    ② 남자는 취미로 그림을 그리고 요리를 한다.
    ③ 남자는 요즘 큰 문제가 있는 아이들만 만난다.
    ④ 남자는 아이들과 다양한 활동을 하며 이야기한다.

※ **[31-32] 다음을 듣고 물음에 답하십시오. (각 2점)**

31. 남자의 생각으로 알맞은 것을 고르십시오.
    ① '노키즈존'은 교육적으로 좋은 제도가 아니다.
    ② '노키즈존'은 많은 사람들에게 합리적 제도이다.
    ③ '노키즈존'은 아이가 있는 가족을 위한 제도이다.
    ④ '노키즈존'은 식당의 수익을 높이기 위한 제도이다.

32. 남자의 태도로 맞는 것을 고르십시오.
    ① 새로운 제도의 시행을 촉구하고 있다.
    ② 새로운 제도의 필요성을 설명하고 있다.
    ③ 새로운 제도의 문제점을 비판하고 있다.
    ④ 새로운 제도의 합리성에 공감하고 있다.

※ **[33-34] 다음을 듣고 물음에 답하십시오. (각 2점)**

33. 무엇에 대한 내용인지 맞는 것을 고르십시오.
    ① 조선 시대의 여러 기록
    ② 조선 시대의 다양한 화폐
    ③ 조선 시대의 선물 선택 방법
    ④ 조선 시대의 경제 활동의 변화

34. 들은 내용으로 맞는 것을 고르십시오.
① 조선 초기에는 시장이 발달하지 않았다.
② 화폐는 조선 초기에도 많이 사용되었다.
③ '선물 경제'는 조선 후기에 등장하였다.
④ 조선 후기에도 시장은 나타나지 않았다.

※ [35-36] 다음을 듣고 물음에 답하십시오. (각 2점)

35. 남자는 무엇을 하고 있는지 맞는 것을 고르십시오.
① 최근의 드라마를 평가하고 있다.
② 상을 받고 수상 소감을 나누고 있다.
③ 드라마 대사의 중요성을 강조하고 있다.
④ 슬럼프를 극복하는 방법을 설명하고 있다.

36. 들은 내용으로 맞는 것을 고르십시오.
① 남자는 처음 상을 받는다.
② 남자의 모든 작품은 성공했다.
③ 이 드라마는 남자의 첫 작품이다.
④ 남자는 가족에게 고마워하고 있다.

※ [37-38] 다음은 교양 프로그램입니다. 잘 듣고 물음에 답하십시오.
(각 2점)

37. 여자의 중심 생각을 고르십시오.
① 배양육은 아직은 먼 미래의 기술이다.
② 배양육의 여러 문제점에 주의해야 한다.
③ 배양육의 장점과 단점을 고려해야 한다.
④ 앞으로 배양육에 대한 연구가 증가할 것이다.

38. 들은 내용과 일치하는 것을 고르십시오.
    ① 국내에서는 배양육을 연구하지 않는다.
    ② 배양육은 동물을 죽여야 얻을 수 있다.
    ③ 배양육 기술은 환경 보호에 도움이 된다.
    ④ 사람들은 배양육 기술에 대해 잘 알고 있다.

※ **[39~40] 다음은 대담입니다. 잘 듣고 물음에 답하십시오. (각 2점)**

39. 이 담화 앞의 내용으로 알맞은 것을 고르십시오.
    ① 최근 학생들의 대학 진학률이 감소하고 있다.
    ② 대학 진학 시험의 공정성이 문제가 되고 있다.
    ③ 학생들의 현재 시험 제도에 대한 반대가 심하다.
    ④ 학생들이 대학 진학 스트레스를 과도하게 받는다.

40. 들은 내용과 일치하는 것을 고르십시오.
    ① 1993년에는 시험을 보지 않고 대학을 갔다.
    ② 이전에 대학 진학 시험을 여러 번 본 적이 있다.
    ③ 대학에서는 자체 시험을 더 어렵게 만들고 있다.
    ④ 위원회에서는 구체적으로 여러 가지를 결정했다.

※ **[41~42] 다음은 강연입니다. 잘 듣고 물음에 답하십시오. (각 2점)**

41. 이 강연의 중심 내용으로 맞는 것을 고르십시오.
    ① 태풍의 이름이 결정되는 규칙이 있다.
    ② 태풍의 생애에 대한 연구가 시작되었다.
    ③ 태풍으로 인한 심각한 피해가 예상된다.
    ④ 태풍에 대한 종합적인 대비가 필요하다.

42. 들은 내용과 일치하는 것을 고르십시오.
① 태풍은 비교적 그 생애가 짧다.
② 한 번에 여러 개의 태풍이 오기도 한다.
③ 태풍의 이름은 위원회 전문가들이 짓는다.
④ 회원국이 제출한 이름은 변경되지 않는다.

※ **[43-44] 다음은 다큐멘터리입니다. 잘 듣고 물음에 답하십시오. (각 2점)**

43. 이 이야기의 중심 내용으로 맞는 것을 고르십시오.
① 염색체에는 다양한 정보가 들어 있다.
② 텔로미어는 세포의 노화와 관련이 있다.
③ 텔로미어에는 생물의 정보가 담겨 있다.
④ 염색체의 각 부분은 서로 다른 기능이 있다.

44. 염색체가 손상되면 세포에 문제가 생기는 이유를 고르십시오.
① 텔로미어가 짧아지기 때문에
② 세포의 나이가 증가하기 때문에
③ 염색체를 보호할 수 없기 때문에
④ 염색체에 담긴 정보가 손상되기 때문에

※ **[45-46] 다음은 강연입니다. 잘 듣고 물음에 답하십시오. (각 2점)**

45. 들은 내용과 일치하는 것을 고르십시오.
① 한반도에서 사라진 호랑이를 보호하고 있다.
② 옛날 사람들은 호랑이를 긍정적으로 생각했다.
③ 고구려, 조선 시대에는 호랑이가 흔하지 않았다.
④ 옛날 사람들은 호랑이와 표범을 구별하지 못했다.

46. 여자가 말하는 방식으로 가장 알맞은 것을 고르십시오.
  ① 야생 호랑이의 생태를 세부적으로 묘사하고 있다.
  ② 한반도의 호랑이 개체 수의 변화를 설명하고 있다.
  ③ 한반도의 호랑이 발견 과정을 순서대로 나열하고 있다.
  ④ 사람들의 호랑이에 대한 생각을 사례를 들어 설명하고 있다.

※ **[47–48] 다음은 대담입니다. 잘 듣고 물음에 답하십시오. (각 2점)**

47. 들은 내용과 일치하는 것을 고르십시오.
  ① 전주번호찰의 상단의 4개 숫자는 도로명이다.
  ② 전봇대의 기본적인 기능은 위치 정보 전달이다.
  ③ 각 지역 전봇대의 위치는 한국전력에서 측정한다.
  ④ 전주번호찰은 자신의 위치를 알고 있을 때 유용하다.

48. 남자의 태도로 가장 알맞은 것을 고르십시오.
  ① 새로운 제도의 도입을 촉구하고 있다.
  ② 제도에 대하여 부정적인 평가를 하고 있다.
  ③ 제도를 소개하고 긍정적으로 평가를 하고 있다.
  ④ 제도의 문제점을 지적하고 대안을 제시하고 있다.

※ **[49–50] 다음은 강연입니다. 잘 듣고 물음에 답하십시오. (각 2점)**

49. 들은 내용과 일치하는 것을 고르십시오.
  ① 해수면 온도 변화는 해양 생물만 영향을 받는다.
  ② 공기 중 이산화탄소가 많아지면 기온이 내려간다.
  ③ 최근 한반도 근처의 해수면 온도가 높아지고 있다.
  ④ 2010년부터 2018년에는 해수면의 온도가 낮아졌다.

50. 여자의 태도로 가장 알맞은 것을 고르십시오.

① 해수면 온도 상승의 효과를 기대하고 있다.

② 해수면 관련 연구의 성과를 높이 평가하고 있다.

③ 해수 연구와 관련된 기관의 협조를 당부하고 있다.

④ 해수면 온도 변화를 우려하며 관심을 촉구하고 있다.

듣기 (聞き取り)

제2회
실전모의고사

TOPIK II
(중·고급)

듣기
(Listening)

수험번호(Registration No.)		
이름 (Name)	한국어(Korean)	
	영 어(English)	

유의사항

Information

1. 시험 시작 지시가 있을 때까지 문제를 풀지 마십시오.

   Do not open the booklet until you are allowed to start.

2. 접수번호와 이름은 정확하게 적어 주십시오.

   Write your name and registration number on the answer sheet.

3. 답안지를 구기거나 훼손하지 마십시오.

   Do not fold the answer sheet; keep it clean.

4. 답안지의 이름, 접수번호 및 정답의 기입은 컴퓨터용 펜을 사용하여 주십시오.

   Use the optical mark reader(OMR) pen only.

5. 정답은 답안지에 정확하게 표시하여 주십시오.

   Mark your answer accurately and clearly on the answer sheet.

   marking example

6. 문제를 읽을 때에는 소리가 나지 않도록 하십시오.

   Keep quiet while answering the questions.

7. 질문이 있을 때에는 손을 들고 감독관이 올 때까지 기다려 주십시오.

   When you have any questions, please raise your hand.

TOPIK Ⅱ 듣기 (1번 ~ 50번)

※ [1-3] 다음을 듣고 알맞은 그림을 고르십시오. (각 2점)

1. ①

②

③

④

2. ①

②

③

④

21

3. ① 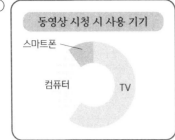 ②

③ 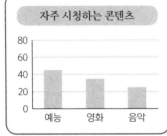 ④

※ **[4-8] 다음 대화를 잘 듣고 이어질 수 있는 말을 고르십시오. (각 2점)**

4. ① 네, 기다리겠습니다.
   ② 네, 메모를 남겼으니까 전해주세요.
   ③ 아니요, 제가 다시 전화 드리겠습니다.
   ④ 아니요, 회의가 끝나면 다시 전화해 주세요.

5. ① 복잡할 것 같은데요.
   ② 요금은 8,000원입니다.
   ③ 학교 안에서 직진할까요?
   ④ 학교 안에서는 세울 수 없어요.

6. ① 저는 힘들겠는데요.
   ② 역시 못하는 게 없으시군요.
   ③ 안 그래도 만들어 볼 생각이에요.
   ④ 생각보다 어렵지 않으니까 해 보세요.

7. ① 그러자. 비가 안 올 것 같아.
   ② 응, 가게에 일찍 나갈수록 좋아.
   ③ 글쎄, 한 명이라도 오면 어떻게 해.
   ④ 아니, 좀 더 일찍 가야 만날 수 있어.

8. ① 네, 주말에 묵으려고요.
   ② 아니요, 네 명이 가는 여행이에요.
   ③ 일주일 동안 여행을 가기로 했어요.
   ④ 그럼 이번 수요일에 1박 예약 가능한가요?

※ **[9-12] 다음 대화를 잘 듣고 <u>여자</u>가 이어서 할 행동으로 알맞은 것을 고르십시오. (각 2점)**

9. ① 아파트로 서둘러 간다.
   ② 화재 경보기를 고친다.
   ③ 아파트에 안내 방송을 한다.
   ④ 주민들을 만나서 이야기한다.

10. ① 교수님께 연락한다.
    ② 수업을 들으러 간다.
    ③ 남자에게 과제를 준다.
    ④ 이메일로 과제를 제출한다.

11. ① 음료를 주문한다.
    ② 좋은 회사를 찾아 본다.
    ③ 앉아서 남자를 기다린다.
    ④ 남자에게 새 회사를 소개한다.

12. ① 건전지를 사러 간다.
    ② 리모컨을 확인해 본다.
    ③ 텔레비전을 새로 구입한다.
    ④ AS센터에 텔레비전을 들고 간다.

※ **[13-16] 다음을 듣고 내용과 일치하는 것을 고르십시오. (각 2점)**

13. ① 남자와 여자는 지금 여행 중이다.
    ② 여자는 여행 가서 찍은 사진을 보고 있다.
    ③ 남자는 평소에 회사 동료들과 자주 모인다.
    ④ 여자는 회사 일로 바빠서 여행을 자주 못 한다.

14. ① 무대 정리가 5시 쯤 끝날 예정이다.
    ② 비 때문에 야외 공연이 도중에 중단됐다.
    ③ 관객석에 이상이 생겨서 공연을 할 수 없다.
    ④ 공연은 원래 5시에 시작하는데 늦어지고 있다.

15. ① 현재 전국에 많은 비가 내리고 있다.
    ② 오늘 제주도는 맑지만 내일은 흐릴 것이다.
    ③ 이번 태풍으로 인해 피해를 입은 시설이 많다.
    ④ 내일은 전국에 바람이 많이 불 것으로 예상된다.

16. ① 남자는 학교에서 영어를 가르친다.
    ② 동영상 제작에는 총 두 시간이 걸린다.
    ③ 동영상은 촬영보다 편집이 오래 걸린다.
    ④ 남자는 일주일 내내 강의 영상을 찍는다.

※ **[17~20] 다음을 듣고 남자의 중심 생각을 고르십시오. (각 2점)**

17. ① 전공자가 나서서 제일 먼저 발표를 해야 한다.
    ② 역사학은 어렵기 때문에 조사를 많이 해야 한다.
    ③ 발표 경험이 많은 사람이 먼저 발표를 해야 한다.
    ④ 후배가 선배보다 발표 능력이 더 뛰어날 수도 있다.

18. ① 장례식장에서 모자를 쓰는 것은 절대 안 된다.
    ② 상황과 장소에 맞춰서 옷을 입는 것이 중요하다.
    ③ 다른 일을 미루고 오늘은 장례식장에만 가야 한다.
    ④ 옷차림과 상관없이 위로하는 마음 자체가 중요하다.

19. ① 집들이에 아무런 준비 없이 빈손으로 가는 것은 예의가 아니다.
    ② 받는 사람이 직접 필요한 것을 살 수 있도록 돈을 주는 것이 좋다.
    ③ 집들이 선물로 돈을 주는 것과 물건으로 주는 것은 큰 차이가 있다.
    ④ 휴지나 세제처럼 평범한 선물보다 친구가 좋아하는 물건을 줘야 한다.

20. ① 일할 때 사용하는 호칭은 중요하지 않다.
    ② 출근해서도 가족과 이야기를 할 수 있어서 좋다.
    ③ 형제들이 똑같이 노력했으므로 월급도 같아야 한다.
    ④ 일은 일이고, 가족은 가족이라는 생각이 가장 중요하다.

※ **[21~22] 다음을 듣고 물음에 답하십시오. (각 2점)**

21. 남자의 중심 생각으로 알맞은 것을 고르십시오.
    ① 추석에 고객에게 과일을 보내는 것이 좋다.
    ② 홍보 효과가 있는 선물을 보내는 것이 좋다.
    ③ 추석에 우수 고객에게 선물을 보낼 필요 없다.
    ④ 여러 명이 모인 곳에서 회사 홍보를 해야 한다.

22. 들은 내용으로 맞는 것을 고르십시오.
   ① 작년 추석에는 예산이 부족해서 과일밖에 주지 못했다.
   ② 여자는 작년 추석에 보낸 선물과 같은 것을 주고 싶어한다.
   ③ 남자는 과일 선물은 예산에 맞지 않아서 안 좋다고 생각한다.
   ④ 우수 고객에게 추석 선물을 보내는 것은 올해가 처음이 아니다.

※ **[23-24] 다음을 듣고 물음에 답하십시오. (각 2점)**

23. 여자가 무엇을 하고 있는지 고르십시오.
   ① 도서관 이용증을 발급 받는 방법을 알려달라고 하고 있다.
   ② 졸업을 앞두고 앞으로의 도서관 이용에 대해 문의하고 있다.
   ③ 7월에 대여한 책을 언제까지 반납해야 하는지 물어보고 있다.
   ④ 졸업 후 9월부터 책을 대여할 때 드는 비용을 문의하고 있다.

24. 들은 내용으로 맞는 것을 고르십시오.
   ① 졸업을 한 이후에는 도서관에서 책을 빌릴 방법이 없다.
   ② 졸업 한 달 전부터 도서 대출은 제한되고 반납만 가능하다.
   ③ 모든 학생은 졸업식 당일까지 도서관에서 책을 빌릴 수 있다.
   ④ 졸업생 선착순 100명까지는 무료로 도서관을 이용할 수 있다.

※ **[25-26] 다음을 듣고 물음에 답하십시오. (각 2점)**

25. 남자의 중심 생각으로 알맞은 것을 고르십시오.
   ① 무료 공연을 여는 연주자들에게 관심을 가져야 한다.
   ② 계약 조건만 따지는 사람은 좋은 연주자가 될 수 없다.
   ③ 공연 기회가 적은 연주자들을 지원하는 제도가 필요하다.
   ④ 연주자들의 공연 시간과 출연료 규정이 마련되어야 한다.

26. 들은 내용으로 맞는 것을 고르십시오.
    ① 남자는 이제 공연에서 무료로 연주하지 않는다.
    ② 남자는 공연을 많이 해서 큰 돈을 벌 수 있었다.
    ③ 수입이 적어서 힘들어하는 가수와 연주자가 많다.
    ④ 남자 때문에 후배들이 공연에서 연주를 못하고 있다.

※ [27-28] 다음을 듣고 물음에 답하십시오. (각 2점)

27. 남자가 여자에게 말하는 의도를 고르십시오.
    ① 직원 혜택에 대한 여자의 오해를 풀기 위해
    ② 회사를 위한 직원들의 희생을 강조하기 위해
    ③ 직원 혜택 축소에 대한 문제점을 제기하기 위해
    ④ 자금난에 대처하는 회사의 결정을 지지하기 위해

28. 들은 내용으로 맞는 것을 고르십시오.
    ① 1층 휴게실은 좁아서 이용자가 적었다.
    ② 여자는 앞으로 겪을 불편을 걱정하고 있다.
    ③ 5층 휴게실 자리에 만든 점포는 장사가 잘 된다.
    ④ 직원들은 그동안 휴게실이 없어서 편히 쉴 수 없었다.

※ [29-30] 다음을 듣고 물음에 답하십시오. (각 2점)

29. 여자는 누구인지 맞는 것을 고르십시오.
    ① 깨끗한 집을 소개해주는 사람
    ② 집 청소 방법을 연구하는 사람
    ③ 이사할 집을 대신 찾아 주는 사람
    ④ 이사 및 청소 업체를 운영하는 사람

30. 들은 내용으로 맞는 것을 고르십시오.
 ① 여자는 요즘 이사철이어서 아주 바쁘다.
 ② 여자의 회사는 처음부터 청소 서비스를 제공했다.
 ③ 이사 후에 집을 함께 청소하는 서비스가 제일 인기가 많다.
 ④ 이사 계획이 없어도 이 업체의 청소 서비스를 이용할 수 있다.

※ [31–32] 다음을 듣고 물음에 답하십시오. (각 2점)

31. 남자의 생각으로 알맞은 것을 고르십시오.
 ① 성적이 좋은 학생은 매 학기 상을 받아야 한다.
 ② 한 번에 여러 명에게 장학금을 주는 것이 좋다.
 ③ 한 명이 장학금을 여러 번 받는 것은 좋지 않다.
 ④ 장학금은 성적 외의 다른 기준을 고려하지 않아도 된다.

32. 남자의 태도로 알맞은 것을 고르십시오.
 ① 제도의 효과를 회의적으로 보고 있다.
 ② 사례를 들어서 강하게 주장을 펼치고 있다.
 ③ 상대의 주장에 근거가 없다고 비판하고 있다.
 ④ 상대의 말에 설득당해서 의견을 바꾸고 있다.

※ [33–34] 다음을 듣고 물음에 답하십시오. (각 2점)

33. 무엇에 대한 내용인지 맞는 것을 고르십시오.
 ① 꿀의 다양한 맛
 ② 꿀의 여러 가지 효능
 ③ 꿀을 넣어서 만든 음식
 ④ 꿀을 활용한 치료제 개발

34. 들은 내용으로 맞는 것을 고르십시오.
   ① 꿀을 그대로 피부에 바르면 미백 효과가 더 크다.
   ② 고대 이집트에서 처음으로 꿀을 음식에 활용했다.
   ③ 피부 탄력을 위해 꿀을 물에 타서 마시는 게 좋다.
   ④ 꿀을 뜨거운 물에 타서 마시면 손과 발이 따뜻해진다.

※ **[35-36] 다음을 듣고 물음에 답하십시오. (각 2점)**

35. 남자는 무엇을 하고 있는지 고르십시오.
   ① 오페라 경연대회를 진행하고 있다.
   ② 이탈리아 오페라의 역사를 강의하고 있다.
   ③ 올해의 음악인상 후보들을 나열하고 있다.
   ④ 올해의 음악인상 수상자를 소개하고 있다.

36. 들은 내용으로 맞는 것을 고르십시오.
   ① 김수미는 이제 성악가로 활동하지 않는다.
   ② 김수미는 다른 사람보다 교육 과정을 일찍 마쳤다.
   ③ 이탈리아에서 인정받은 아시아 출신 성악가가 많다.
   ④ 김수미만큼 성악 경연대회에서 많이 우승한 성악가는 없다.

※ **[37-38] 다음은 교양 프로그램입니다. 잘 듣고 물음에 답하십시오.
   (각 2점)**

37. 여자의 중심 생각으로 알맞은 것을 고르십시오.
   ① AI 기술도 좋지만 사람과 사람 사이의 교류가 가장 중요하다.
   ② 돌봄 AI 로봇은 정확한 시각에 할 일을 알려주기 때문에 좋다.
   ③ 더 다양한 기능을 갖춘 돌봄 AI 로봇이 빨리 개발되어야 한다.
   ④ 앞으로 AI 기술 연구는 인간과의 교감을 주제로 진행돼야 한다.

38. 들은 내용과 일치하는 것을 고르십시오.
    ① 돌봄 AI 로봇의 주요 기능은 식사 시간 알림이다.
    ② 돌봄 AI 로봇은 아이와 노인들을 위해 만들어졌다.
    ③ 노인과 돌봄 AI 로봇은 대화를 주고 받을 수 있다.
    ④ 여자는 기술 개발을 위해 노인들에게 로봇을 선물했다.

※ **[39~40] 다음은 대담입니다. 잘 듣고 물음에 답하십시오. (각 2점)**

39. 이 담화 앞의 내용으로 알맞은 것을 고르십시오.
    ① 이제는 소리 상표에도 상표권이 부여된다.
    ② 소리 상표를 출원하는 절차가 간단해졌다.
    ③ 개인적으로 소리 상표를 출원하는 경우가 있다.
    ④ 화면보다 소리를 강조한 광고가 유행하고 있다.

40. 들은 내용과 일치하는 것을 고르십시오.
    ① 소리 상표의 소유권은 기업만 가질 수 있다.
    ② 소리 상표는 지식재산으로 인정받지 못 한다.
    ③ 음악뿐만 아니라 효과음도 창작물로 인정된다.
    ④ 광고에 쓰이는 음악만 소리 상표로 등록할 수 있다.

※ **[41~42] 다음은 강연입니다. 잘 듣고 물음에 답하십시오. (각 2점)**

41. 이 강연의 중심 내용으로 맞는 것을 고르십시오.
    ① 자신보다 상대를 배려할 때 좋은 결과를 얻을 수 있다.
    ② 상호 협력도 중요하지만 자신의 이익을 먼저 생각해야 한다.
    ③ 상대를 믿고 행동하는 것만으로는 좋은 결과를 얻을 수 없다.
    ④ 좋은 결과를 얻기 위해서 서로를 믿고 협력하는 것이 중요하다.

42. 들은 내용과 일치하는 것을 고르십시오.
　① '죄수의 딜레마' 현상은 일상에서 그 예를 찾기 힘들다.
　② '죄수의 딜레마' 현상은 주로 범죄학에서 연구하고 있다.
　③ 사회에서 정한 약속을 어겨서 모두가 손해를 보는 일이 많다.
　④ '죄수의 딜레마'란 모두가 협력해서 좋은 결과를 얻었을 때 쓰는 말이다.

※ **[43~44] 다음은 다큐멘터리입니다. 잘 듣고 물음에 답하십시오.**
　　(각 2점)

43. 이 이야기의 중심 내용으로 맞는 것을 고르십시오.
　① 황제펭귄은 새끼를 보호하기 위해 남극으로 찾아온다.
　② 황제펭귄 수컷들은 추위를 견디는 특별한 방법이 있다.
　③ 남극은 황제펭귄을 비롯한 여러 생명체들의 주요 서식지이다.
　④ 혹독한 추위 때문에 황제펭귄 수컷의 수가 점점 줄어들고 있다.

44. 황제펭귄 수컷들이 '허들링'을 할 때 계속 움직이는 이유로 맞는 것을 고르
　십시오.
　① 바깥쪽 펭귄과 자리를 바꾸기 위해서
　② 안쪽에 있는 펭귄이 불편하기 때문에
　③ 무리의 바깥 쪽이 온도가 높기 때문에
　④ 발 위에 얹어 놓은 새끼가 움직이기 때문에

※ **[45~46] 다음은 강연입니다. 잘 듣고 물음에 답하십시오. (각 2점)**

45. 들은 내용과 일치하는 것을 고르십시오.
　① 여름철 실내 습도는 낮으면 낮을수록 건강에 좋다.
　② 제습기는 건조한 공기를 빨아들이면서 실내 온도를 높인다.
　③ 제습기는 공기 중의 습기를 제거하기 위해 냉각장치를 이용한다.
　④ 제습기는 관리가 힘들고 전기 요금도 많이 나온다는 단점이 있다.

46. 여자가 말하는 방식으로 가장 알맞은 것을 고르십시오.
   ① 제습기와 여러 기계를 비교하고 있다.
   ② 제습기의 작동 원리를 설명하고 있다.
   ③ 제습기를 만드는 과정을 설명하고 있다.
   ④ 제습기의 내부 장치 형태를 묘사하고 있다.

※ **[47~48] 다음은 대담입니다. 잘 듣고 물음에 답하십시오. (각 2점)**

47. 들은 내용과 일치하는 것을 고르십시오.
   ① 해녀 학교는 새 일자리 창출을 위해 세워졌다.
   ② 해녀는 물에 들어갈 때 여러 장치가 필요하다.
   ③ 해녀 학교는 학생이 줄어서 폐교 위기에 처했다.
   ④ 해녀는 물 안에서 압력과 호흡을 잘 조절해야 한다.

48. 남자의 태도로 가장 알맞은 것을 고르십시오.
   ① 해녀 학교 운영의 문제점을 지적하고 있다.
   ② 해녀 학교 유지를 위한 지원을 호소하고 있다.
   ③ 해녀 문화의 독창성과 우수성을 홍보하고 있다.
   ④ 해녀 학교가 지역 사회에 미칠 효과를 예측하고 있다.

※ **[49~50] 다음은 강연입니다. 잘 듣고 물음에 답하십시오. (각 2점)**

49. 들은 내용과 일치하는 것을 고르십시오.
   ① 말의 유래를 잘 살펴보면 조상들의 문화와 지혜를 배울 수 있다.
   ② '짐작하다'란 말은 예전에 지금의 뜻과 전혀 다른 뜻으로 쓰였다.
   ③ 요즘 학생들은 '짐작하다'와 같은 우리말의 유래를 잘 알고 있다.
   ④ '어처구니'는 '꼭 필요한 물건'이라는 뜻이었으나 점차 의미가 바뀌었다.

50. 여자의 태도로 가장 알맞은 것을 고르십시오.

① 말의 의미 변화에 대해 우려하고 있다.

② 조상들의 언어 습관을 높이 평가하고 있다.

③ 우리말을 사용하지 않는 사람들을 비난하고 있다.

④ 학생들에게 우리말에 대한 관심을 촉구하고 있다.

第2回模擬試験

듣기（聞き取り）

第　　回　模擬試験　解答用紙

Date: _____

Name: _____

番号	解答欄
1	① ② ③ ④
2	① ② ③ ④
3	① ② ③ ④
4	① ② ③ ④
5	① ② ③ ④
6	① ② ③ ④
7	① ② ③ ④
8	① ② ③ ④
9	① ② ③ ④
10	① ② ③ ④
11	① ② ③ ④
12	① ② ③ ④
13	① ② ③ ④
14	① ② ③ ④
15	① ② ③ ④
16	① ② ③ ④
17	① ② ③ ④
18	① ② ③ ④
19	① ② ③ ④
20	① ② ③ ④

番号	解答欄
21	① ② ③ ④
22	① ② ③ ④
23	① ② ③ ④
24	① ② ③ ④
25	① ② ③ ④
26	① ② ③ ④
27	① ② ③ ④
28	① ② ③ ④
29	① ② ③ ④
30	① ② ③ ④
31	① ② ③ ④
32	① ② ③ ④
33	① ② ③ ④
34	① ② ③ ④
35	① ② ③ ④
36	① ② ③ ④
37	① ② ③ ④
38	① ② ③ ④
39	① ② ③ ④
40	① ② ③ ④

番号	解答欄
41	① ② ③ ④
42	① ② ③ ④
43	① ② ③ ④
44	① ② ③ ④
45	① ② ③ ④
46	① ② ③ ④
47	① ② ③ ④
48	① ② ③ ④
49	① ② ③ ④
50	① ② ③ ④

／100

第　　回　模擬試験　解答用紙

Date: _____

Name: _____

番号	解答欄
1	① ② ③ ④
2	① ② ③ ④
3	① ② ③ ④
4	① ② ③ ④
5	① ② ③ ④
6	① ② ③ ④
7	① ② ③ ④
8	① ② ③ ④
9	① ② ③ ④
10	① ② ③ ④
11	① ② ③ ④
12	① ② ③ ④
13	① ② ③ ④
14	① ② ③ ④
15	① ② ③ ④
16	① ② ③ ④
17	① ② ③ ④
18	① ② ③ ④
19	① ② ③ ④
20	① ② ③ ④

番号	解答欄
21	① ② ③ ④
22	① ② ③ ④
23	① ② ③ ④
24	① ② ③ ④
25	① ② ③ ④
26	① ② ③ ④
27	① ② ③ ④
28	① ② ③ ④
29	① ② ③ ④
30	① ② ③ ④
31	① ② ③ ④
32	① ② ③ ④
33	① ② ③ ④
34	① ② ③ ④
35	① ② ③ ④
36	① ② ③ ④
37	① ② ③ ④
38	① ② ③ ④
39	① ② ③ ④
40	① ② ③ ④

番号	解答欄
41	① ② ③ ④
42	① ② ③ ④
43	① ② ③ ④
44	① ② ③ ④
45	① ② ③ ④
46	① ② ③ ④
47	① ② ③ ④
48	① ② ③ ④
49	① ② ③ ④
50	① ② ③ ④

／100

第　　回　模擬試験　解答用紙

Date: _____

Name: _____

番号	解答欄
1	① ② ③ ④
2	① ② ③ ④
3	① ② ③ ④
4	① ② ③ ④
5	① ② ③ ④
6	① ② ③ ④
7	① ② ③ ④
8	① ② ③ ④
9	① ② ③ ④
10	① ② ③ ④
11	① ② ③ ④
12	① ② ③ ④
13	① ② ③ ④
14	① ② ③ ④
15	① ② ③ ④
16	① ② ③ ④
17	① ② ③ ④
18	① ② ③ ④
19	① ② ③ ④
20	① ② ③ ④

番号	解答欄
21	① ② ③ ④
22	① ② ③ ④
23	① ② ③ ④
24	① ② ③ ④
25	① ② ③ ④
26	① ② ③ ④
27	① ② ③ ④
28	① ② ③ ④
29	① ② ③ ④
30	① ② ③ ④
31	① ② ③ ④
32	① ② ③ ④
33	① ② ③ ④
34	① ② ③ ④
35	① ② ③ ④
36	① ② ③ ④
37	① ② ③ ④
38	① ② ③ ④
39	① ② ③ ④
40	① ② ③ ④

番号	解答欄
41	① ② ③ ④
42	① ② ③ ④
43	① ② ③ ④
44	① ② ③ ④
45	① ② ③ ④
46	① ② ③ ④
47	① ② ③ ④
48	① ② ③ ④
49	① ② ③ ④
50	① ② ③ ④

／100